서울구치소의 바람

서울구치소의 바람

초판 1쇄 인쇄 | 2025년 07월 07일
지은이 | 임재문
펴낸이 | 이재욱(필명:이승훈)
펴낸곳 | 해드림출판사
주　　소 | 서울 영등포구 경인로82길 3-4(문래동1가 39)
　　　　　센터플러스빌딩 1004호(우편07371)
전 화 | 02-2612-5552
팩 스 | 02-2688-5568
E-mail | jlee5059@hanmail.net

등록번호　제2013-000076
등록일자　2008년 9월 29일

ISBN　979-11-5634-637-1

임재문 수필

서울구치소의
바람

구치소의
변천사 속에
꽃으로 피운
인간애

해드림출판사

축하글

저 벌판의 눈길을 헤쳐가는 그에게
- 임재문 수필가의《서울구치소의 바람》출간을 축하드립니다 -

권남희 수필가
(사) 한국문인협회 수필분과 회장
(사) 한국수필가협회 이사장

　제4수필집《서울구치소의 바람》을 끝까지 읽으며 큰 감동을 받았습니다. 50년대 출생한 대한민국의 남자로서 살아가는 여정이 만만치 않았음에도 임재문 수필가는 환경에 굴복하지 않았습니다. 삶에 대한 열정과 노력하는 태도가 현재의 젊은이들에게도 좋은 귀감이 된다고 생각합니다.

　한 편 한 편 작품을 읽으면서 거짓 없고 진실한 인생을 설계하고 이룩했다는 느낌을 받았습니다.

　독립 유공자 후손임에도 국가의 인정을 받아내지 못해 애를 썼던 아버지와 할아버지의 죽음을 헛되지 않게 마무리한 임재문 선생님의 의지도 존경하게 됩니다. 할아버지를 독립 유공자로 인정받기 위해 노력한 끝에 2019년 74주년 광복절 기념식 날, 독립 유공자 고 임영식 할아버지는 국가로부터 대통령 표창을 수상하게 됩니다.

 첫 수필집 〈담 너머 부는 바람〉과 〈사형수의 발을 씻기며〉〈꼭! 봐요!〉 등 3권의 수필집으로 더 이상 바랄 게 없지만 마지막 정리하는 마음으로 책을 낸다는 작가의 말이 가슴을 흔듭니다.

 양파처럼 벗겨도 더 이상 홀랑 드러낼 수 없어 부끄럽다는 작가적 의식도 존경합니다.

 멀리서 가까이서 문학 행사 때마다 마주쳤던 임재문 선생님과의 시간도 30년이 넘었습니다. 국가 공무원으로 홍성교도소를 첫 직장으로 시작하여 강릉교도소에서 정년 퇴임식을 합니다.

임재문 수필가는 서울구치소 근무 시절을 잊지 못합니다. 재소자들의 난동과 분란, 국가적 사태 등이 혼란스러웠지만 그럼에도 그곳에서 경희대학교 서정범 교수 추천으로 1986년 한국수필 등단을 완료했기 때문입니다. 한국수필추천작가회(현재 한국수필작가회) 창립회원이기도 한 임재문 수필가는 해남 출신답게 의롭고 반공 성정도 품고 있습니다.

춘천교도소 시절에는 호피석으로 시작한 수석 공부가 그를 다른 세계로 이끌기도 합니다. 정서적 단련도 수석 수집의 취미활동과 모임으로 이어졌습니다.

《서울구치소의 바람》수필집은,

1부 엄마! 엄마! 그리운 내 어머니! / 2부 소화불량의 어린 소년 / 3부 충남 홍성! 그곳은 축복의 땅! / 4부 눈 내리는 겨울 등 67편이 8부작으로 구성되었습니다.

이제 칠순이 넘은 작가는 때로는 소년처럼 엄마를 그리워하고 보고 싶다 말합니다.

할머니를 닮은 장남이 뜻하지 않게 할머니 편이 되어 엄마를 멀리했던 날들을 돌아봅니다.

어머니 사랑을 갈구했던 외톨이 소년 임재문은 초등학생 때부터 웅변을 하고 중학교 입시도 스스로 준비를 했습니다. 집안일을 돕다가 2년 늦게 들어간 성전실업고등학교에서 약한 몸 때문에 괴롭힘을 당하고 스트레스로 소화불량에 시달리다가 태권도를 배우며 자신을 이겨내는 훈련을 합니다. 글짓기 대회에서도 1등 상을 수상하니 그때부터 작가적 소양을 갖췄다고 봅니다.

성인이 된 후에 임재문 수필가는 9급 교도관 공무원 시험에 합격하여 첫 발령지 홍성교도소에서 근무합니다. 홍성을 축복의 땅이라 부른 이유는 몇 가지가 있습니다, 결혼을 하여 가정을 꾸렸고, 첫 아들을 낳았고, 다시 7급 교정직 공무원 공개채용 시험에 합격한 경사를 맞게 된 일입니다.

어머니를 생각하며 눈물 흘리고 얼마나 감동했을지 상상은 할 수 없지만 콧등이 시큰합니다.

동생을 낳자마자 서른도 못 채우고 돌아가신 어머니를 그리워하고 재혼한 부모님을 대신해 자신과 동생을 길러 주신 할머니를 생각합니다. 그분들의 사랑이 있었기에 현재의 임재문이 있다고 말합니다.

미군부대를 퇴직하고 개척교회를 세웠던 아버지의 지난한 인생도, 아내에게 보냈던 편지글도 작품에 있지만 작가는 늘 죽음을 염두에 두고 생각하는 글을 썼습니다.

그의 대표작이라 추천할 수 있는 〈눈 내리는 겨울〉은 추위를 싫어하는 작가에게 선물 같은 눈 내린 날의 풍경을 그립니다, 그 하얀 빛을 품고 떠오른 고향과 어머니 그리고 친척 어른의 죽음을 알리러 가던 눈길이 한 폭의 그림으로 펼쳐집니다. 고뇌에 찬 막심 고리끼(러시아 소설가)의 순수하고 진솔한 산문 한 편이 다가온 느낌이었습니다.

또 다른 작품을 추천한다면 〈사형수의 발을 씻기며〉입니다. 부활절이면 교도소에서는 기독교 단체와 함께 사형수들을 위한 예배를 드리고 발을 씻겨주는 시간을 갖습니다. 교도관으로서 임재문 수필가도 참석하게 됩니다. 해마다 부활절이 돌아오지만 연이어 세 번이나 한 명의 사형수의 발을 씻기며 그를 위해 기도했던 기적 같은 우연을 작품으로 썼습니다. 뜨거운 눈물을 흘리던 덩치 큰 사형수 얘기는 독자의 가슴을 먹먹하게 합니다.

한국수필 추천작가회 창립 회원인 임재문 수필가는 한국수필작가회에 대한 애정이 남다릅니다. 이미 고인이 되신 초대 회장 주영준, 문형동, 고동주, 김희선, 장정식 그들을 그리워하며 문단 행사에 참여했던 가슴 설레던 그날들을 기억합니다. 자신에게도 죽음이 다가온다면 그 역시 담담하게 받아들이겠다고 말합니다.

마지막 직장-바다가 가까운 강릉교도소를 숲속의 작은 집으로 부르며 임재문 수필가는 정년 퇴임까지 3년을 보냅니다. 300명 미만의 적은 수감자들과 함께 자생하는 대나무와 감나무를 친구 삼고 교도소 주변을 꾸미고 정리하면서 〈숲속의 작은 집〉 수필 한 편도 탄생시킵니다.

임재문 수필가의 작품을 읽다 보면 독자들은 그의 꾸미지 않은 순수함과 진정성, 그리고 삶에 최선을 다하는 태도에 감동을 받을 것입니다.

큰 사랑이 임재문 수필가와 함께하기를 기도합니다.

축하드립니다.

────── 책머리에

────── 이것이 내 인생이요

　칠순 중반을 넘기고 이제 하루하루를 삶의 기적이라 생각하며 살아가고 있다.

　한국수필작가회 창립회원으로 초대 감사 초대 이사 제10대 부회장 제11대 회장까지 역임하고, 수필집 '담 너머 부는 바람' '사형수의 발을 씻기며' '꼭! 봐요!'를 발간하고, 한국수필문학상을 받았으니 이제 내가 더 바랄 것이 그 무엇인가? 그래도 살아온 지난날을 한 번 더 돌아보고 싶었다.

　내가 태어나고 자라던 내 고향이 떠오르고, 지난날들이 추억으로 다가오면서 직장생활의 애환과 더불어 남은 내 인생을 한 번 더 정리하고 싶어서다.

　그래서 발가벗고 춤추지는 못할지라도 옷을 벗어보고 싶었다. 양파를 한 겹 또 한 겹 벗겨내듯이 그렇게 홀랑 벗기고 싶었다.

　그런데 양파는 벗길수록 예쁜 모습이 되지만, 나 자신은 벗길수록 부끄러운 자화상으로 남게 되어 그렇게 홀랑 벗기지 못했다.

　'이것이 내 인생이요. 부끄러운 내 자화상이요.'라고 외치고 싶다.

　남은 내 인생을 더 보람차게 살아가고 싶다.

　감사하며 살아가고 싶다.

　'서울구치소의 새 모습' '서울구치소의 풍경' '서울구치소의 달빛' '서울구치소의 바람'은 신동아에 발표했던 수필들이다.

　'혼불'의 작가 최명희 여류 소설가는 51세로 별세한 작가이다. 그 최명희 작가가 신동아에 '혼불'을 연재할 즈음 나는 서울구치소에서 이 수필들을 발표했었다.

　'서울구치소의 바람'을 발간하게 해 주신 분들에게 깊이 머리 숙여 감사를 드린다.

임재문

차례

축하글_저 벌판의 눈길을 헤쳐가는 그에게　4
　　｜권남희 수필가·(사) 한국문인협회 수필분과 회장·(사) 한국수필가협회 이사장

책머리에_이것이 내 인생이요　10

작품론_돌아본 발자국에 아로새겨진 의미망　251
　　｜김선화 수필가·시인·평론가

1부　엄마! 엄마! 그리운 내 어머니!

22　엄마! 엄마! 그리운 내 어머니!

25　할머니의 쌍지팡이

29　아버지의 목소리

31　독립 유공자 돌아가신 임영식 내 할아버지

35　큰댁 할아버지

38　웅변하는 아이

40　자유를 위한 전사들!

44　고독의 몸부림

2부	소화불량의 어린 소년

48	소화불량의 어린 소년
50	크리스마스의 추억
52	대나무와 동백꽃 내 고향
54	초등학교 시절
57	중학교 시절
60	코미디언이 되었더라면
63	고등학교 시절
65	방황의 계절

3부	충남 홍성! 그곳은 축복의 땅!

70	충남 홍성! 그곳은 축복의 땅!
73	기독교적 감화
76	승부가 없는 게임
80	미리엘 신부님의 은촛대
84	청송교도소 시절
86	고향 그림
90	동백꽃 피는 고향
94	청송 바람

| 4부 | 눈 내리는 겨울 |

100 눈 내리는 겨울
105 안동에 가고 싶다
107 서울구치소 시절
109 노잣돈
113 흰 눈을 맞으며
117 서울구치소의 새 모습
121 서울구치소의 풍경
125 서울구치소의 달빛

5부	서울구치소의 바람

130　서울구치소의 바람

134　한국수필작가회

136　광주교도소 시절

138　통째로 먹으려다가

142　호반의 도시 춘천교도소 시절

144　대룡산의 안개

147　돼지를 닮은 호피석

151　장원 석의 꿈

6부	새천년의 안양교도소 시절

157	새천년의 안양교도소 시절
159	사형수의 발을 씻기며
162	사형수와의 인연
165	목포교도소 시절
167	사랑하는 당신에게 - 메밀꽃 인생
170	사랑하는 당신에게 - 곶감
172	사월의 단감
176	월간 교정지와 나

| 7부 | 다시 춘천으로 춘천교도소 시절 |

181	다시 춘천으로, 춘천교도소 시절
184	나는 수필을 이렇게 쓰고 싶다
189	오월의 꿈을 싣고
195	맨발의 기봉이 영화감상
199	아내와의 산책길
204	강릉교도소 시절
206	숲속의 작은 집
210	음치 블루스
213	봄을 기다리는 사람들

8부	콩밥 그리고 가다밥

218	콩밥 그리고 가다 밥
221	뺑끼통 시절
224	장수 사진
227	해남! 내 고향!
230	열아홉 살 섬 색시 내 애마 자가용 승용차
233	내 고향 문학기행
236	가슴 뛰던 그 시절
239	자운영 들판
242	아내와 함께 첫 번째 해외여행 베트남
246	수련 꽃 필 때

1부   엄마! 엄마!
　　　　　그리운 내 어머니!

—— 엄마! 엄마!
그리운 내 어머니!

 어머니가 그립다. 엄마라고 불러보고 싶어서이다. 어릴 적 엄마라고 불러보지 못했기 때문이다. 나는 미녀이신 내 어머니와 미남이셨던 내 아버지의 장남으로 이 세상에 태어났다.
 그랬으니 얼마나 기대를 하셨을까? 그런데 그것이 아니었다. 나는 내 어머니의 기대를 뒤엎고 몸도 비쩍 말라 흐물흐물하게 태어나 언제 죽을지도 모르는 아이가 또 못난이 중에 못난이로 세상에 태어났다.
 못난이로 태어나 시름시름 앓기만 한 내가 그 얼마나 내 어머니를 힘들게 했을까? 내 할머니와 어머니께서는 고부갈등으로 사이가 좋지 않았다. 그런데 갈수록 그 할머니를 닮아가는 내 얼굴을 보고 어머니께서는 고개를 돌려야 했으리라. 그래서 나는 할머니 편이 되어 할머니와 살아가야 했다.

시름시름 앓기만 하는 나를 아들이라 생각하지 않았다. 그래서 호적에 올리지도 못했단다.

그런데 바로 뒤를 이어 내 동생이 태어났다. 그래서 할 수 없이 나를 호적에 올리게 되었다고 한다.

동생은 정말 몸도 튼실한 데다가 용모가 준수하고 미남 미녀의 아들로 손색이 없을 정도다. 그래서 내 어머니 아버지께서는 장남인 나를 멀리하고, 내 뒤를 이어 태어난 내 동생에게 모든 사랑을 퍼부으셨으리라. 이름도 그래서 용이 되라고 재용이라고 지어주셨다.

그런데 그렇게 사랑을 독차지해서 몸도 더욱더 건강하게 그리고 남자답게 귀여움을 받던 내 동생이 어느 날 갑자기 세상을 떠났다. 내가 네 살 때요, 내 동생이 두 살 때다. 어머니와 아버지께서는 그 얼마나 슬픔을 느껴야 했을까? 부모는 죽으면 묘에 모시지만, 자식은 죽으면 가슴에 묻는다는 말처럼 슬픔은 강물처럼 이어져야 했으리라!

내 할머니께서도 너무나 안타깝게 생각을 하셔서 그 애가 컸더라면 우리 집 가계를 일으킬 아이였다고 회상을 하시지 않았던가?

그런데 차라리 없어졌으면 하던 시름시름 앓아서 죽을 줄만 알았던 내가 비실비실 살아남아 우리 집 장남의 자리를 지키고 있는 것이 아닌가?

그리고 한참 후에 또다시 내 동생 재웅이가 태어났다. 그 동생이 태어나자마자 내 어머니께서는 세상을 떠나셨다. 내 나이 아홉 살 때이다. 나는 엄마라고 불러보지도 못했는데 어머니께서는 젖먹이 어린 내 동생을 남겨두고 세상을 떠나셨다.

외할머니께서는 어린 내 동생이 태어나자마자 엄마가 돌아가셨기에 내 동생 때문에 어머니가 돌아가셨다고, 젖먹이 어린 동생의 볼기짝을 사정없이 때리셨다. 그때 엉엉 소리 내어 울어대던 내 동생 재웅이! 나도 울었다.

내 할머니께서 그 어린 것이 무슨 잘못이 있느냐고 데려다가 이유식도 없어서 미음을 쑤어서 내 동생에게 먹여 목숨을 이어가게 하셨다. 그런 내 동생 재웅이가, 젖을 먹을 수 없어서 미음으로 비쩍 말라 살아가던 내 동생 재웅이가, 건강하게 자라서 얼마나 다행인지 모른다. 엄마의 얼굴도 기억하지 못하는 내 동생 재웅이! 나는 내 동생 재웅이 생각만 해도 눈시울이 뜨거워진다. 그런 내 동생이 건강하게 열심히 살아 이제는 형인 나보다도 더 잘 살아가고 있으니 마음이 놓인다.

이제 나는 또다시 내 동생 재웅이를 만나 그동안의 회포를 풀고 함께 손잡고 엄마! 엄마! 하고 내 동생 재웅이와 함께 합창으로 엄마를 부르고 싶다. 엄마! 엄마! 그리운 내 어머니!

칠순을 넘긴 내가 지금도 엄마가 그립다. 서른 살도 못 채우고 가신 내 어머니!

엄마! 엄마! 그리운 내 어머니! 하늘나라에서 함께 만나요. 그리운 내 어머니!

할머니의 쌍지팡이

나는 아홉 살 때 내 어머니를 잃고, 할머니와 함께 살아가게 되었다. 내 할머니께서는 스무 살 꽃다운 나이에 내 아버지를 낳으시고, 홀로되셨다. 그래서 더욱더 내 어머니와 사이가 좋지 않게 되어 고부갈등으로 이어져야 했으리라.

삯바느질을 하여 내 아버지 하나만 바라보고 살아가시던 내 할머니! 그런데 장남으로 내가 태어났으니 할머니는 오로지 나만을 사랑하시게 되었다. 나는 내 아버지께서 누려야 하는 할머니의 사랑을 독차지하게 된 셈이다. 얼굴도 할머니를 닮아서 더 그랬으리라.

그래서 할머니는 내 어머니나 다름이 없다. 어머니의 자리를 할머니께서 대신해 주셨기 때문이다. 내가 초등학교 오학년 때 새어머니께서 오셨다. 새어머니는 아버지의 직장을 따라 아버지와 함께 사시고, 나는 내 동생과 여전히 할머니와 생활해야 했다.

할머니께서 십 리 길이 넘는 시장에 다녀오실 때면 꼭 맛있는 것을 사다가 주셨기에 하얀 치맛바람을 펄럭이며 시장을 다녀오시는 할머니를 마중 나가 기다리던 추억이 지금도 새롭기만 하다.

또 내가 어릴 적에는 할머니께서 마을 결혼식이라던가 잔칫집에 참석하시고, 꼭 맛있는 것을 품속에 넣어 오셨다. 그래서 나는 할머니께서 밖에 나갔다가 들어오시면 또 맛있는 것이 있는가 하고 할머니 품속을 더듬은 버릇이 생길 정도다.

다른 사람들이 다 외면해도 내 할머니께서는 오로지 나만을 생각하셨다.

할머니께서 하시는 말씀이 지금도 귀에 쟁쟁하게 들리는 듯하다.

젊은 시절은 잠깐이더라.

나이 먹어 늙어가는 세월이 더디다고 하신 할머니!

또 죽음길과 뒷간은 대신 갈 수 없다고 웃으시며 말씀하시던 내 할머니!

음식도 맛있는 것은 나를 주시고, 군둥내 나는 김치는 할머니께서 드시면서 맛있다고 하시던 내 할머니! 정말 맛있어서 그러시는 것일까 생각해서 내가 먹어보면 쌉싸름한 군둥내 나는 김치가 아니었던가?

할머니께서는 식초도 손수 만들어서 사용하셨다.
식초가 되는 원료에 막걸리를 사다가 부어서 식초를 만들어서 음식에 넣어 먹었다.
할머니의 음식 솜씨는 일품이었다. 상추 겉절이를 비롯해서 쪽파를 데쳐 감아 무친 쪽파무침 하며 무생채와 배추 데친지를 함께 무쳐서 식초까지 곁들여 맛있게 요리해 주시던 내 할머니! 나는 지금도 할머니의 그 음식이 그립다.
할머니께서는 붓글씨도 명필이셨다. 창호지로 만든 책에 붓글씨로 별주부전이라던가 춘향전 등 고대소설을 붓으로 쓰셔서 필사본으로 책을 엮어 만드신 내 할머니!

그런 내 할머니는 젊은 시절 바느질로 다리에 신경통을 앓게 되었다. 그래서 용하다는 침술을 하는 사람에게 침술로 치료를 받았는데, 그 후유증으로 다리가 마비되는 치명적인 아픔을 겪어야 했다. 다리가 마비되더니 이내 굳어 펴지지 않게 되었다. 갑자기 쌍지팡이에 의지해서 살아야 했던 내 할머니!

내 어머니를 대신해서 나를 사랑해 주시던 내 할머니! 그 할머니마저도 다리가 불구가 되어 쌍지팡이에 의지해서 살아가야 했으니 내 마음은 너무나 아팠다.

나는 내 할머니의 다리가 다시 펴져서 걷게 되기를 바라며 살았다. 아무리 기다려도 펴지지 않는 할머니의 다리를 바라보며 마음의 상처를 많이 받게 되었다.

얼마나 힘들고 얼마나 불편하셨을까? 생각만 해도 눈물이 난다. 요즘처럼 의학이 발달했더라도 그렇게 고생하시지 않았을 것이다.

할머니께서 나에게 베풀어주신 사랑을 보답도 못 해드렸는데, 십여 년이 넘도록 쌍지팡이에 의지해서 살아야 했던 내 할머니! 79세를 일기로 세상을 떠나셨다.

할머니! 사랑하는 내 할머니! 쌍지팡이 없는 하늘나라에서 편히 쉬세요. 이제 저도 할머니를 따라가야 할 나이가 되었습니다. 사랑하는 내 할머니! 하늘나라에서 쌍지팡이 없는 하늘나라에서 함께 만나요 그리운 내 할머니!

아버지의 목소리

내 아버지께서는 육군 중위 출신이시다. 내가 어릴 적 동두천 미군 부대에서 근무하시던 내 아버지! 그런데 갑자기 전역하시게 되었다. 지금 생각하면 왜 그 좋은 직장을 전역하시게 되었을까? 생각해 보지만, 운명적인 아버지의 길이라 생각하며 그 시절을 그리며 살아야 한다. 전역하시고 서울에서 사업을 하실 계획이었다고 한다. 그런데 사업은 안 하시고 고향교회를 개척하고 전도사 일을 하시게 되었다. 전역하시고 집에 계실 때 아버지께서는 부기 부기 부기 부기 하시며 콧노래를 하셨다. 지금 생각해 보니 트로트 항구 메들이 마도로스 부기라는 노래인가 보다. 그 후로 초가 교회의 생활이 계속되어서인지 찬송가 소리만 들릴 뿐 콧노래는 들을 수가 없었는데 우연하게도 아버지의 노래를 딱 한 번 들을 수가 있었다. 비 내리는 호남선이다. "목이 메인 이별가를 불러야 옳으냐 돌아서서

피눈물을 흘려야 옳으냐 사랑이란 이런가요 비 내리는 호남선에 헤어지던 그 인사가 야속도 하더란다."

그래서 나는 아버지의 목소리로 들은 '비 내리는 호남선'을 잊을 수가 없다. 내 아버지께서는 교회를 개척하시고, 전도사로 목회를 하셔서 아버지께서 개척하신 교회가 지금도 고향에 남아있다. 어머니께서 내 나이 아홉 살 때 돌아가셔서 새어머니를 맞아 살아가야 했던 내 아버지! 그래도 내 아버지의 사랑은 변함이 없었다. 초등학교 시절 내 이발도 아버지께서 다 해 주셨다. 나는 아버지께서 나에게 베푸신 그 사랑을 내 아들에게 절반도 못 하고 살아가고 있으니 나는 얼마나 이기적인 인간인가 말이다.

내 아버지께서는 왜 비 내리는 호남선을 부르셨을까? 내 어머니와의 이별을 노래한 것은 아니었을까? 그렇다. 목이 메인 이별가는 내 어머니와의 이별을 노래한 것일 것이다. 얼마나 마음 아픈 이별이었으면 목이 메인 이별가로 태어났을까? 이제는 내 아버지께서도 새어머니께서도 이 세상에 계시지 않는다. 그리고 멀지 않아 나도 내 어머니 가신 나라 해 돋는 나라 내 어머니 가신 나라 달 돋는 나라로 가야만 한다.

아버지! 사랑하는 내 아버지! 이렇게 성장하여 나이 많은 칠순 넘은 아들이 아버지를 부릅니다. 엄마 없는 하늘 아래 이렇게 살아남아 아버지를 부릅니다.

아버지! 아버지! 그리운 내 아버지!

독립 유공자 돌아가신 임영식 내 할아버지

고 임영식은, 1919년 4월 2일 16세의 나이로 해남공립보통학교 재학 중, 3·1 독립운동할 것을 결심하고, 해남공립보통학교에 재학 중인 선배 학생, 김규수, 김한식과 함께 같은 기숙사의 생도 윤준하, 박동렬, 및 이사국 등에게 독립운동할 것을 말하여 찬성을 얻고, 1919년 4월 3일에는 다시 박천홍, 양동훈, 김명곤, 김현태, 이재실, 어준탁, 박복구, 김성일, 윤백인, 김영휘, 황인복, 김봉두, 정순민, 송주봉, 김삼암, 민오옥, 진홍수 등 생도들에게 말하여 모두 찬성을 얻으니 여기서 독립운동 계획은 일사천리로 거침없는 진전을 보게 되어 대한 독립운동을 주동할 수 있게 되었다.

1919년 4월 5일에는 김규수, 김현태, 신건희, 윤옥하, 윤준하, 김명곤, 박동렬, 윤백인, 박복구, 이재실, 양동훈, 박천홍, 김삼암 등과 함께 보통학교 기숙사에 모여, 1919년 4월 6일 (음 3월 6일) 해남읍 장날을 기하여, 만세운동을 전개하기로 결정하고, 모든 준비를 급히 서둘렀다. 박동렬, 김규수, 윤백인 등은 돈을 모아서 양목(洋木)과 물감 등을 사다가 김현태, 윤준하, 박복구, 김삼암 등과 함께 천으로 만든 큰 태극기 80여 개와 작은 것 8개 및 종이 태극기 80여 개를 제조하여, 신건희는 독립선언 광고문을 기초하고, 김규수, 김현태, 윤옥하, 임영식 등이 이를 등사하였다. 이튿날인 1919년 4월 6일 장꾼들이 모여 성황을 이루기를 기다려 오후 1시경에 생도들이 다 모여서, 일동은 모두 태극기를 높이 들며 '대한독립 만세!'를 소리 높이 외치고, 또 외쳤다. 뜻밖에 일어난 이 감격적인 장면에 모인 장꾼들도 모두 손을 들어, 대한독립 만세를 목청껏 외쳤다. 넓은 해남 시장, 해남 읍내는 대한독립 만세의 환호성으로 진동하였다. 장터에 모였던 많은 사람들도 따라나섰다.

길가 여기저기서 어른도 어린이도 만세를 부르며 뛰어나왔다. 행렬의 인원은 증가 되어만 갔다. 만세를 부르고 함께 시위 대열에 참가하는 인원이 모두 1천 명을 넘게 되니 남쪽 지방에서는 보기 드문 성황이었던 것이다. 더구나 보통학교 재학 중인 소년들이 중심이 된 이 해남에서의 제1차 만세시위는 성인층에 큰 자극을 주고 분발을 촉구한 바 크기도 하였던 것이다. 운동은 약 2시간 계속되었다. 소년들의 감격적인 만세시위에 대하여 처음에는 구경만 하던 적측에서도 다수 인민이 가담하여 형세가 커짐을 보고는 차츰 폭력 수단을 강행하게 되었다.

결국은 여기저기서 승강이가 벌어진 끝에 일을 주동했던 소년들은 적 무력에 의하여 검속 당하였으며, 그중에도 김규수 등 임영식과 함께한 해남 공립보통학교 생도 16명은 태형 내지는 10개월의 징역형을 강제당하였다. 임영식은 1919년 4월 6일 '대한독립 만세!'를 외치다가 일제에 검속 당하여 모진 고문에도 굴하지 않자 장흥형무소에 이감하여 수감생활을 하게 되었다.

1919년 5월 6일 광주지방법원 장흥지청에서 '대정 8년 재령 제7호 위반 피고 사건에 대해 조선총독부 검사 중정 겸태랑 관여로 징역 8월'을 선고받고, 다시 대구형무소에 이감되어 수감생활을 하던 중 1919년 6월 7일, 대구 복심법원에서, 징역 8월에, 2년간 집행유예를 선고당하고 출소하여 그때 받은 고문 후유증을 앓다가 소천하였다.

독립 유공자 임영식 내 할아버지! 돌아가신 아버지께서 그렇게 할아버지 독립 유공자 표창 상신을 위하여 최선을 다하셨건만, 표창으로 이어지지 못해서 아버지의 뜻을 따라 내가 그동안 수차례에 걸쳐 자료를 보강하고, 목포교도소 근무 시에는 목포 보훈청에 신청하기도 하고 수원보훈청에도 수차례 신청을 하였지만, 표창으로 연결되지 못했다. 그래서 나는 교회에서 또 할아버지께서 누워계신 전남 해남 내 고향 가족납골묘 성묘 시에도 피맺힌 기도를 했다. 임영식 할아버지 독립 유공자 표창 상신이 하루속히 이루어 주시라고, 기도했다.

드디어 2019년 제74 주년 8·15 광복절 기념식 때에야 할아버지 독립 유공자 표창을 이룰 수가 있었다. 아들과 며느리 그리고 손자 손녀 아내와 내가 기념식에 함께했다. 나는 고 임영식 독립 유공자 할아버지 손자 중 장남으로 할아버지를 대신해서 표창장과 부상을 받았다. 이 얼마나 감격스러운 일인가? 이제 나는 독립 유공자 유족이 되었다. 독립 유공자 후손이 되었다. 앞으로도 이 영광을 길이길이 빛내며 살아야 하겠다. 돌아가신 독립 유공자 임영식 내 할아버지!

── 큰댁 할아버지

 큰댁 할아버지께서는 초등학교 교장 선생님으로 정년 퇴임을 하셨다. 할아버지 교장 선생님 시절 나는 그 초등학교에 다녔다. 그 덕분에 초등학교에 있는 문고에서 책을 빌려다가 거의 날마다 한 권씩을 독파해서 학교에 소장되었던 문고들을 많이 독파할 수 있었다.
 위인전기를 비롯해서 안데르센 동화집과 방정환 동화집 등등 날마다 책 읽는 것이 내 일과가 되었다. 할아버지께서는 내가 책을 교환하러 갈 때마다 "너 벌써 그 책을 다 읽었니?" 하고 물으셨다.
 '예!' 하고 자신 있게 대답을 하곤 했는데, 할아버지께서는 내가 거짓말을 하는 것 같은지 책 내용을 살펴보시고 물어보시는 것이다. 그때마다 정확한 내용을 말씀드렸더니 탄복을 하셨다. "너는 고시 공부해도 되겠다!" 웃으며 말씀하시곤 하셨다.

　해마다 설 명절이 돌아오면 나는 큰댁에 세배하러 갔다. 큰할머니와 할아버지께서 세뱃돈도 두둑하게 주시곤 했기 때문이다. 어느 해 설날이다. 우연히 할아버지 댁에 가다가 할아버지를 길에서 마주쳐서 인사를 드렸다. 그리고 할아버지 댁에 가서 할머니와 할아버지께 세배를 드리는데 할아버지께서 아까 길에서 인사했지 않느냐? 하시고 세배를 받으시지도 않고 그래서 세뱃돈도 주시지 않는 것이 아닌가? 할머니 세뱃돈만 챙겨 나오는데 얼마나 서운한지 그해 그 설 명절을 잊을 수가 없다.

　책을 열심히 읽은 덕분에 할아버지께 모르는 것을 물어보는 것이 또 내게는 재미가 있었다. 그때마다 할아버지께서는 친절하게 잘 가르쳐 주셨기 때문이다.
　"제가 책을 읽는데 염세주의라는 말이 나오는데 그것이 무슨 뜻입니까?" 할아버지께 여쭤봤더니 할아버지께서 친절하게 일러주셨다. "세상이 싫다는 말이란다. 그런데 사실은 나도 세상이 싫다. 나이 많으면 세상을 떠나는 것이 도리인 것 같아서이다." 그렇게 말씀하셨는데, 할아버지께서는 정년 퇴임 후 얼마 되지 않아 돌아가셨다. 정말 할아버지 말씀처럼 세상이 싫어서 그렇게 일찍 돌아가신 것일까? 그렇다면 나는 왜 그렇게 죽음이 두렵기만 하고 이 세상에 미련이 남아서 칠순을 넘기고도 더 열심히 살려고 발버둥 치고 있는 것일까?

'할아버지! 나는 염세주의를 좋아하지 않아요. 이 세상이 더 좋아요!' 외치고 싶어진다. 오늘도 나는 몸에 좋은 것이라면 가리지 않고 먹어치우며 살아가고 있기 때문이다. 그리고 큰댁 할아버지가 오늘따라 사무치게 그리워진다. 세상이 싫다는 것이 염세주의라고 가르쳐 주셨던 할아버지! 그리고 할아버지도 세상이 싫다고 하셨던 할아버지!

그리고 그 말씀처럼 그렇게 홀연히 세상을 떠나셨던 큰댁 할아버지! '할아버지! 제가 아무리 칠순 넘어 이렇게 살아남겠다고 발버둥쳐봐도 언젠가는 하늘나라로 가야 합니다. 할아버지! 염세주의가 싫어도 그것은 어쩔 수 없어요! 할아버지! 하늘나라에서 저에게 다시 일러주세요. 염세주의는 좋은 것이 아니라고, 이 세상은 사는 그날까지 낭만적으로 살아야 한다고요. 할아버지! 큰댁 할아버지!'

웅변하는 아이

 초등학교 때 웅변을 했다. 초등학교 5학년 때 처음 웅변으로 일등 상을 받았다. 6·25 기념식에 반공사상을 고취하는 웅변을 했다. 물론 내 아버지께서 웅변 지도를 많이 해 주셨다. 그렇게 열심히 하던 내 웅변은 중학교에까지 이어졌다. 중학교 1학년 때 향토학교 건설을 주제로 웅변을 하여 일등 상을 받았다.

 박정희 대통령 시절이요 새마을 운동으로 온 세상이 잘살아 보자고 외치던 그 시절! "여러분들은 대한민국의 대통령을 원하십니까? 여러분들은 대한민국의 국회의원을 원하십니까? 여러분은 대한민국의 장관을 원하십니까? 패싸움질하는 국회의원들보다도 놀고먹는 장관들보다도 한줌의 옥토에 씨를 뿌려 내 나라 내 민족을 먹여 살리는 농촌의 아들딸들이 참다운 애국자가 아니고 그 누구이겠습니까? 여러분!"

해서 박수갈채를 받지 않았던가? 그 시절이 다시 그립다. 중학교 2학년 때도 웅변을 했는데, 1학년 후배 학생에게 그 일등상을 내어주고 말았다. 얼마나 서운한 일인지 모른다. 그리고 3학년 때도 고등학교 시절도 그 일등상을 쟁취하지 못했다. 이름도 잊어버릴 수가 없다. 최영배 후배 학생! 나보다도 월등히 잘했다. 그래서 중고등학교인 내가 다니던 학교에서 고등학교 때까지도 그 후배 학생에게 일등을 안겨주어야 했다.

일등을 쟁취해 보려고 4H 클럽 웅변대회에 나갔었는데 거기까지 찾아와 내 일등을 가로채는 것이 아닌가?

최영배 후배 학생! 지금은 어느 하늘 아래 그때처럼 그렇게 열심히 살고 있을까? 이제 세월이 많이도 흘러갔다. 지금은 웅변도 옛날과 패턴이 다르다. 클라이맥스에 "이 연사는 힘차게 외칩니다." 하는 구호로 박수갈채를 받는다. 그 시절이 다시 그립다.

── 자유를 위한 전사들!

> 필자 주 : 1967년 6월 21일 성전고등학교 제1학년 때 군경원호사상 고취 교내 웅변대회에서 2등 상을 수상한 웅변 원고 '자유를 위한 전사들'을 여기에 싣는다.

 1953년 7월 27일 전 인류가 공포 속에 신음했던 한국전쟁은 끝났습니다.
 전쟁으로 불바다가 된 산야에는 어느덧 태풍은 사라졌고, 세월과 더불어 초목은 우거져가고 있습니다. 전선의 긴장은 풀리지 않은 채 초소에서는 일각의 여유도 없이 적진을 바라보고 서 있는 날카로운 눈동자와 총부리만 희미한 달빛 아래 빛나고 있습니다.
 허리가 두 동강이 된 강산과 하늘 밑에 포 소리는 멈췄습니다. 그러나 포화를 스치면 포 밑에 살아남아 돌아온 자 그 얼마나 있겠는가?

  자유와 평화를 위하여 몸 바쳐 장렬한 죽음을 하였던 수많은 영령이 고이 잠들고 있습니다.

  이 순간 오늘 이 땅에 평화와 자유! 건설의 함마를 높이 들고 '조국 근대화 대열'에 힘있게 일할 수 있는 기쁨을 다시 한 번 되새기며 오늘에 조국을 있게 한 국군 용사들에게 진심으로 감사를 드립니다.

  또한, 멀리 조국의 하늘을 떠나 이억만 리에서 싸우고 있는 월남 파병 용사들에게 더욱 한층 높은 경의를 표하는 바입니다.

  여러분! 우리에게 고귀한 생명의 가치는 곧 자유입니다.

  이 자유를 위하여 목숨을 걸고 싸웠던 지난날이 없었던들 오늘 자유대한을 품에 안을 수 있겠습니까? 저 북녘땅 이북의 하늘 밑에서는 지금도 철창 없는 감옥 속에서 일천오백만의 북한 동포들의 신음 소리가 들려오고 있습니다.

  이따금 들려오는 간수들의 날카로운 목소리와 감시에 눈초리 포학! 노예! 학살! 이러한 불안과 공포! 이 속에서 하루하루 생명을 연장해 나가는 것이 북한 동포들의 실정이라면 아니 동남아시아의 십억 인민들이 붉은 죽음의 피안에서 부들부들 떨고 있는 것이 오늘의 현실이라면 어찌 인류에 영원한 평화와 자유를 보장할 수 있단 말입니까?

  여러분! 일찍이 미국의 패트릭 헨리는 자유가 아니면 죽음을 달라고 갈파한 것처럼 자유가 있는 곳에 죽음이 있고 죽음이 있는 곳에 자유가 있는 것입니다.

전 인류들의 행복을 위한 자유! 전 세계 평화를 위한 자유! 이것이 곧 우리들의 보루이며 우리들의 사명이 아닐 수 없습니다.

이 고귀한 자유를 쟁취하기 위하여 한국의 전선에서 수많은 용사가 숨졌습니다. 아니 한국의 백오십 마일 전선에서 수많은 용사가 숨진 것보다 세계적 삼팔선을 없애기 위한 일만오천 마일 전선에서 지금도 숨져가고 있는 것입니다.

지구의 한복판에서 시작해서 지구의 끝까지 저 공산당의 붉은 여호들을 이 지구상에서 깨끗이 쓸어버릴 날까지 우리의 전선은 태산준령 멀고 먼 붉은 알프스 산상을 넘어야 하고 파도치는 대서양을 넘어야겠습니다.

이 고된 역정인 자유는 가만히 앉아서 쟁취할 수 없는 것이 아니겠습니까? 여러분!

피와 땀! 고귀한 희생! 죽음! 이것이 곧 부하들을 아끼며 몸소 수류탄을 안고 산화한 '고 강재구' 소령의 얼이며 용감히 감투한 '고 이인호' 소령의 혼이며 수많은 '강재구' 수많은 '이인호' 소령의 혼이 오늘 대한민국 삼천리 방방곡곡 약동하며 그 고귀한 희생적 정신을 한 데 뭉쳐 거룩한 정신적 원자 폭탄을 북한에 던질 때 삼팔 전선은 무너질 것이며 이 고귀한 피를 동남아시아의 자유를 위하여 월남의 전선에 뿌릴 때 머지않아 세계의 보이지 않은 마의 삼팔선도 무너질 날이 올 것을 나는 이 자리에서 단언하고 싶습니다. 여러분!

 오! 밝아 오를 조국의 자유! 세계의 평화! 동녘 하늘로부터 은은한 자유의 멜로디는 온 세계로 뻗어 나가고 있습니다.

 이 자리에서 고귀한 희생을 무릅쓰고 앞서간 '자유 전사'들의 명복을 빌면서 이 자리를 물러나고자 합니다.

── 고독의 몸부림

 할머니와의 고부갈등으로 어린 나를 더 외면하셨던 내 어머니! 그리고 내 나이 아홉 살 때 세상을 떠나신 어머니! 그래서 할머니와 함께 생활해야 했던 나는 결코, 순탄하지 않았다. 그 할머니마저도 한쪽 다리 불구로 쌍지팡이에 의지해서 살아야 했으니, 나는 마음의 상처를 많이 받고 살아가야 했다. 마음 둘 곳이 그 어디인가?

 나는 항상 외톨이였다. 누구에게도 마음을 열지 못했다. 나를 따뜻하게 안아 줄 사람은 없는 것일까? 또 내가 안아주어야 할 사람은 어디에 있을까? 아무도 없다. 아무 데도 그 어느 곳에도 없다. 사랑이 있는 것일까? 사랑의 모습은 어떤 것일까? 나에게 사랑은 없다. 눈물은 있다.

 어머니 가시는 날 울었다. "며칠 후 며칠 후 요단강 건너가 만나리" 어머니의 상여가 당산나무 아래를 지나서 시냇물 징검다리를 건너 물방앗간을 지나 산소에 도착할 때까지 나는 먼발치로 바라보며 혼자 울었다. 울어도 불러 봐도 대답 없는 어머니! 어머니는 나를 외면했지만, 나는 외면하지 않았다. 그리워했다. 어머니 품이 그리웠기 때문이다. 영원히 돌아가지 못할 내 어머니의 품이 아닌가? 그 이후 어머니의 얼굴을 그리며 울었다.

보름달은 어머니 얼굴로 다가왔다. 그래서 보름달이 뜨면 나는 좋다. 어머니 얼굴을 보는 것 같아서이다. 보름달 뜨는 날 들판을 거닐며 어머니를 만난다. 잠들 때 창문으로 스며드는 달빛을 보며 어머니를 그린다. 동산에 달이 떠오르면 어머니를 만난다. 서편에 달이 지면 나는 어머니와 이별하던, 그날을 떠올린다. 결혼하고 손녀와 손자가 있고, 세월이 흘러도 어머니 얼굴은 지워지지 않는다.

보름달은 영원한 어머니 얼굴이다. 내 고독의 몸부림이 다하는 그날까지 보름달은 어머니 얼굴이다. 오늘도 보름달을 바라보며 어머니를 그린다. 천상재회하는 그날을 손꼽아 기다리며 어머니를 그린다.

2부   소화불량의 어린 소년

소화불량의 어린 소년

 아버지의 전도사 일 때문에 나는 할머니와 함께 초가 교회에서 생활하게 되었다. 초가 교회에 연결된 방이 할머니와 내가 생활해야 하는 공간이 되었다. 아버지께서 전도사이시니 나는 새벽기도 시간도 또 유년 주일학교 예배도 장년 예배도 밤 예배도 부흥성회도 함께 참석해서 예배를 드려야 한다.
 새어머니께서 오셨다. 교회 예배의 중압감 그리고 새어머니의 중압감 이런 모든 것들이 종합선물세트처럼 내게 다가와 소화불량의 원인이 되었다. 눈 아래 항상 다크서클을 달고 살아야 했다. 찰밥을 먹을 수가 없었다. 찰밥을 먹으면 신트림이 나고 결국 설사로 이어져 배탈이 나기 때문이다. 배고픈 그 시절 찰밥은 나에게 항상 신기루처럼 영상으로만 남게 되었다.
 그뿐인가 동지팥죽도 나에게는 신기루다. 동지팥죽만 먹으면 소화불량으로 배탈이 나기 때문이다. 추석의 송편도 설날의 떡국도 나에게는 신기루에 불과했다. 나에게는 한 줌의 보리밥 그뿐이었다. 그러니 몸은 쇠약할 대로 쇠약해서 기침을 많이 하고, 잔병치레로 이어져서 생과 사의 갈림길을 왔다 갔다 해야만 했다.

중학교 시절 몸이 약한 나는 학우들한테 폭행을 당하기 일쑤였다. 그래서 고등학교 시절 태권도를 배우기 시작해서 몸을 단련하기에 이른다. 이후 학창 시절을 마감하고 군대를 전역하고, 사회에 발을 들여놓자마자 나에게는 자유의 여신이 미소를 지었다. 새장 속의 새가 새장을 탈출해서 창공의 자유를 누리는 것처럼 나는 자유의 몸이 되었다. 얼마나 즐거운 일인가? 거기다가 술을 마시기 시작하면서부터 나에게는 또 다른 세상이 눈앞에 펼쳐졌다. 술은 안주와 함께 마셔야 한다. 그래서 술만 마시면 나는 모든 스트레스가 날아가서 소화불량도 사라지고, 이 세상이 다 내 것인 것처럼 마음이 그렇게 좋을 수가 없다. 술이 술을 마시고, 술이 사람을 마실 때까지 마셔야 적성이 풀리는 내 술버릇 그 누가 감히 막을 수가 있으랴! 술이여! 술의 여신 박카스의 여신이여!

── 크리스마스의 추억

내가 전남 강진군 성전면에 위치한 성전교회에 다닐 때다.

해마다 크리스마스가 돌아오면 한 달 전부터 동극을 준비해서 크리스마스날 밤에 그렇게 동극을 했었다. 그해 크리스마스도 예년과 다름없이 동극을 준비했다. 동극 제목이 "아롱다롱 무지개"였다.

나는 예쁜 여자애와 짝꿍이 되어 주인공 역을 맡았다. 5일 정도 그렇게 열심히 연습에 열을 올리고 있는데, 갑자기 우리 집이 이사 간다는 것이다. 청천벽력 같은 소리다. 아! 나는 어찌해야 좋을지 몰랐다. 아버지께 울면서 졸랐다. 크리스마스나 보내고 가자고 했다. 아무 소용이 없었다. 이미 이삿짐을 꾸리고 출발하지 않으면 안 되게 되었다. 나는 하는 수 없이 동극을 포기하고 성전교회를 떠나야 했다. 그때 그 예쁘장하게 생긴 여자애가 자꾸만 생각난다. 나랑 호흡이 잘 맞아서 연기를 열심히 연습하지 않았던가? 그녀도 그때를 떠올리며 살아갈 것이다. 해마다 크리스마스가 돌아오면 나는 그때 그 시절이 생각나 혼자 눈물을 흘릴 때도 있다.

그리고 세월이 흘러 내가 초등학교 오학년 때 크리스마스가 되었다. 초가교회의 크리스마스다. 나는 크리스마스만 되면 가슴이 뛴논다. 왜냐하면, 크리스마스가 항상 즐거운 날이었기 때문이다. 그해 크리스마스도 예외가 아니다. 키가 작달막하게 예쁘게 생긴 여학생이 있었다. 굿거리장단에 맞추어 춤을 추게 되었다. 그래서 장구는 내가 치고 그녀는 춤을 추고 그런 꿈을 꾸며 굿거리장단을 열심히 연습했다. 그런데 막상 크리스마스 날 그녀는 춤을 추고 굿거리장단으로 장구는 다른 사람이 치게 된 것이 아닌가? 얼마나 서운한 일인지 모른다.

크리스마스의 추억이라면 뭐니 뭐니 해도 새벽송을 도는 추억이 아닌가?

비슬안 열두 동네 새벽송을 돌던 그 추억이 지금도 그립다. 수고한다고 팥죽을 주는 집도 있고, 닭죽을 주는 집도 있었다.

새벽을 깨우는 크리스마스 새벽송! 이제는 안면방해가 된다고, 새벽송도 사라지고 없다. 크리스마스트리가 반짝이는 전구와 함께 장식되어도 어릴 적 그 추억처럼 그렇게 즐겁지가 못하다. 다시 올 수 없는 어릴 적 크리스마스의 추억이 그립다. 메리크리스마스!

또 한 해가 저물어간다.

대나무와 동백꽃 내 고향

내 고향에는 대나무가 많다. 내가 어릴 적 살던 고향 집도 어머니 품속처럼 대나무로 둘러싸여 있다. 그뿐인가? 대나무 울타리에 연하여 피어나던 동백꽃은 그 얼마나 아름답게 피어나던가? 어릴 적에는 신우대로 빨대를 만들어 동백나무 위에 올라가 꽃꿀을 빨아먹던 추억은 잊을 수가 없다.

대나무는 전라남북도 일대와 경상남북도 일대 그리고 강원도 해안지방 등지에 분포되어있다고 한다. 그래서 내가 어릴 적 고향을 떠나 경기도 동두천에 살아가다가 아버지를 따라 고향에 내려올 때 대나무가 보이기 시작해서 고향이 가까웠구나, 생각하기도 했다. 그래서 내 고향과 대나무 그리고 동백꽃은 꿈속에서도 그려보는 아름다운 풍경이다.

어릴 적에는 장난감도 대나무로 만들었다. 대나무로 만든 딱총, 물총, 도롱태라 불렸던 대나무 굴렁대를 굴리며 놀던 내 어린 시절! 죽마고우라는 말처럼 대나무로 연결되어 말처럼 그렇게 함께하며 다니던 그 시절이 한없이 그립다. 댓바람 소리가 다시 그립다. 서창에 달그림자 되어 나타나던 대나무 그림자는 사군자 한 폭을 연출하지 않았던가? 어릴 적 집안이 가난해서 관을 구할 수조차 없었던 그 시절 대나무 발로 시신을 둘러싸서 장례를 지내기도 했다. 대발 쌈이라고 불렀다. 대나무 고향에 태어나 대나무를 바라보며 살아가다가 대나무에 둘러싸여 저세상으로 가야 했던 내 고향 사람들!

동백꽃은 이른 봄 빨갛게 피어나 깨끗하게 지고 마는 것이다. 동백꽃을 실에 꿰어 목에 걸고 다니던 어린 시절이 그립다. 동백꽃이 지고 나면 동백 열매가 열리는데 그 동백 씨로 머릿기름을 만들어 바르며 살아야 했던 내 고향 여인들!

대나무와 동백꽃의 내 고향을 그리며 살아가는 것은 내가 고향을 떠나와 살아가기 때문이다. 남도 천 리 길을 달려가야 하는 그리운 내 고향! 이제는 내가 대나무에 둘러싸여 살아가던 고향 집도 흔적을 찾아볼 수가 없게 되었다.

남의 손으로 넘어가 다 헐리고 대나무는 흔적도 없이 사라졌다. 꿈속에서나 그리는 대나무와 동백꽃의 내 고향! 그래도 나는 그 시절이 하염없이 그립다. 칠순이 넘어서 그리는 내 고향은 그래서 더 정겹게 다가오는 것이 아니겠는가? 고향! 그곳은 내가 언젠가 돌아가야 할 영원한 안식처요. 꿈에도 잊지 못할 추억들이 알알이 스며 있는 곳이기 때문이다.

─── 초등학교 시절

　내가 처음 입학한 초등학교는 경기도 동두천에 위치한 동성 초등학교이다. 빨강반 노랑반 파랑반이 있었는데 나는 파랑반이다. 동성초등학교 제 일학년 파랑반에 나는 입학을 하였다. 내가 다니던 동성초등학교는 천막 교실이었다. 천막을 치고 나무로 마루를 깔아 그 위에서 수업했다. 그래서 여름이면 덥고, 겨울이면 발이 시리도록 추위와 싸워야 했다. 청소하는데 내 자리를 깨끗하게 하기 위하여 양초 칠을 하고 매끈한 돌멩이를 주워다가 문질러서 반들반들하게 윤을 내는 것이 참으로 재미가 있었다. 크리스마스가 돌아오면 인근 미군 부대에서 우리 초등학생들을 트럭에 나누어 태워 데려다가 크리스마스 선물도 안겨주고, 영화도 구경시켜주었다. 그래서 동성초등학교의 크리스마스 추억이 지금도 그립다.
　그런데 아버지께서 육군 중위로 전역을 하시고 고향으로 가시게 되어서 나도 정들었던 천막 교실을 뒤로하고 할머니 고향인 옥천면 월평리에 머물게 되었다. 월평리 할머니 고향에서 초등학교 2학년까지 다녀야 했다. 월평리에서도 십 리 길을 걸어가서 일시 장터를 지나 옥천북초등학교가 있다. 그러니까 나는 십 리 길을 걸어서 통학했다.

어머니께서는 몸이 많이 아픈 관계로 행랑채에서 혼자 투병 생활을 했다. 어느 해 사라호 태풍 때였나 보다. 비가 많이 와서 학교에 갈 수가 없었는데, 나는 꼭 학교에 가야 할 것 같았다. 몸이 아프신 어머니께서 오늘은 비가 많이 오니 가지 말라고 말씀하셨는데, 나는 꼭 가야 할 것 같아서 십 리 길을 걸어서 등교하는데 빗물이 무릎까지 찬 길을 걸어서 등교했다. 그런데 학교에서 비가 많이 와서 오늘은 수업하지 않으니 돌아가라고 하는 것이 아닌가? 어머니 말씀을 들을걸, 청개구리처럼 엄마의 마지막 부탁을 들었더라면, 고생하지 않아도 되는 것인데, 나는 그 청개구리만도 못한 사람이 아닌가? 그 후 내 어머니께서 돌아가셨다. 엄마의 마지막 부탁도 들어드리지 못한 청개구리만도 못한 불효자가 되고 말았다.

어머니께서 돌아가시자 서울로 이사 가야 한다고 학교를 그만두게 되었다. 초등학교 2학년 때이다. 아버지께서는 서울에서 사업을 하신다고 했다. 그런데 갑자기 고향교회 전도사 일을 하시기 위해 고향으로 가자고 하는 것이 아닌가?

아버지께서는 전도사 일을 하시고, 나는 초가교회에 연결된 사택에서 할머니와 어린 동생과 그렇게 생활해야 했다. 초등학교는 초가교회 바로 아래 계곡동초등학교이다. 얼마나 좋은지 모른다. 십 리 길을 걸어서 다니던 때가 엊그제 같은데 바로 집 앞에 학교가 있으니 개구멍을 지나 점심을 먹고 가기도 했다. 학교 앞에는 미루나무가 방패처럼 줄지어 자라고 있었는데 여름이면 그 미루나무 그늘에 호박곤도 두고 말 곤도 두고 하던 어린 시절이 추억으로 남아있다. 이제는 농촌 인구감소로 학교가 폐교되고, 해남청소년수련관이 되었다. 고향에 갈 때마다 내가 다니던 초등학교를 지나 옛 추억을 떠올리며 살아가야 한다.

　지금도 초등학교 그 시절이 그립다. 어디선가 초등학생 학우들의 웃음소리가 들리는 듯하다.

중학교 시절

　초등학교 6학년 때 중학교 입시 공부를 했다. 담임선생님께서 야간학교를 개설해서 담임선생님 집에서 입시 공부를 하기도 했다. 그런데, 나는 학우들과 어울리는 것을 좋아하지 않았기 때문에 나 혼자 집에서 하기로 했다. 그런데 담임선생님 집에서 공부하던 학우들 세 사람이 갑자기 나를 찾아왔다. 자기들도 혼자 하고 싶다고 했다. 나를 동조하는 사람도 있다. 해서 기분이 좋았다. 정말 열심히 공부했다. 드디어 중학 입시를 치르고 최초로 합격의 영광을 안았다. 얼마나 기분이 좋은지 모른다. 왜냐하면, 절반가량이 시험에 들지 못해 입학할 수 없었기 때문이다. 또다시 십 리 길을 걸어서 등교했다. 강진군 성전면 월평리에 있는 성전중학교이다. 1반에 60명 2반에 60명인데 2반은 남녀공학이었다. 나는 제1학년 1반 15번이다. 나는 몸이 약했다. 소화불량에 시달려야 했기 때문이다. 그래서 학우들에게 두들겨 맞기가 일쑤다. 선생님께서 낙지라는 별명을 붙여주셨다. 머리는 박박 깎고 몸도 흐물흐물하니 낙지와 많이도 닮아있었나 보다. 교회를 개척하신 아버지 때문에 가난에 시달려야 했다. 교회를 개척하시면서도 면장 일을 겸해서 하셨다. 면장 아들이 되었다. 그런데 학교에 무자산 미과세증명서를 제출하고 학비를 감면받으면서 공부했다. 십 리 길을 걸어서 등교하는데 봄이면 종달새 지저귀는 들판을 건너서 재앙고개라고 불렀던 고개를 넘어 학교에 다니는데 더러 지각하기도 했다. 어머니께서 돌아가셔서 할머니께서 아침을 해 주시는데 시간에 맞추기가 쉽지가 않아서일 것이다.

 또 집이 가난하니 비올 때 우산도 챙기지 못할 때가 많았다. 그래서 비 오면 그 비를 맞으면서 학교에 다녔다. 그래도 학창 시절이 그립다. 학창 시절이 좋았다. 때로는 점심 도시락도 준비하지 못해 샘물로 배를 채우며 다니기도 했다. 봄 여름 가을 겨울 사계절을 몸으로 느끼며 살아가는 것이 좋았다. 중학교를 졸업하고, 고등학교 진학을 해야 하는데 집안이 가난해서 타지역에 있는 고등학교에 더 이상 진학할 수조차 없었다. 중학교를 졸업하고 집에서 땔감을 준비하는 일을 해야만 했다. 참으로 아쉬운 세월이 흘러간다. 다시 또 그리운 초등학교 시절과 중학교 시절을 떠올리며 추억으로 간직하며 살아야 하는 날들이 계속되었다. 그 틈에 한문 공부를 많이 했다. 천오백 자 한문책을 사서 계속 입으로 읽으며 쓰는 것을 반복했다. 수없이 반복해서 익혔더니 천오백 자를 독파해서 한자로 된 책들을 읽을 수 있게 되었다. 명심보감 같은 책들이다. 지금은 1반이 60명, 2반이 60명이었던 모교가 한 학년이 평균 15명으로 폐교의 위험을 안고 있다고 하니 세월이 많이도 흘러갔다. 다시 그리운 내 중학교 시절이여!

─── 코미디언이 되었더라면

 내가 만약 코미디언이 되었더라면 어떻게 되었을까? 아마도 대성공을 거두었을 것이다. 그것은 어릴 때부터 학창 시절에 이르기까지 내게 따라다니던 별명이 그것을 말해준다. 초등학교 시절에는 그렇게 별명이 많지 않았다. 중학교 시절에 머리를 박박 깎은 나를 보고 낙지라고 했다. 머리를 박박 깎은 내 머리가 낙지 머리를 닮았다고 해서 붙여진 별명이다. 거기다가 비쩍 마른 내 몸뚱이가 어찌나 흐물흐물하고 비실거리는지 보기만 해도 웃음이 나올 정도란다. 체육 시간에 뜀틀 넘기를 하다가 넘어져 "아이구 염통이야" 하고 주저앉았는데 한동안 내 별명이 염통으로 통했다.

 그리고 그 염통이라는 단어가 한동안 교내 유행어가 되기도 했다. 웅변대회에 나가서 웅변을 했는데, 걸어 나갈 때부터 들어올 때까지 직각 보행을 했더니만, 어느덧 내 별명이 육사 생으로 통하고 말았다. 그뿐이 아니다. 주번을 하게 되면 전교생이 모인 단상에 올라가 주의사항을 이야기해야 한다. "셋째 시간이 끝나기가 무섭게 도시락을 간단히 처치하는 사람들이 있는데, 주의합시다." 했는데, 이 "간단히 처치한다."라는 말이 웃음을 자아내게 해 한동안 나를 보는 사람마다 간단히 처치해버려! 하고 웃어대곤 했다.

내가 이렇게 한마디 했을 때마다 폭소탄이 터지고 유행어를 만들어 웃음을 선사했다. 그러나 나 자신은 그렇게 웃는 것을 좋아하지 않았다. 어릴 때부터 비극을 좋아해서 만화를 읽어도 순정 만화를 읽고 김종래 화백이 그린 "엄마 찾아 삼만리"를 읽고는 슬픔에 젖어 눈물을 많이 흘렸다. 영화를 보아도 "가거라 슬픔이여", "눈 내리는 밤", "가는 봄 오는 봄" 등 비극적인 영화를 좋아했다. 그래서 그런지 지금까지 살아온 내 삶은 비극적인 부분이 더 많은 것만 같다. 지금은 정년 퇴임을 하고 세월이 많이도 흘러갔지만, 내가 몸담고 있었던 직장도 사실은 비극의 현장이나 다름이 없다. 본의 아니게 사회에서 범죄를 저지르고 들어온 사람들! 그들에게 웃음을 선사해야 하는데 어떻게 해야 하나? 사회에서 명성을 날리던 사람들이 하루아침에 구속되는 현장은 참으로 비극이다. 소포클레스가 비극의 정의를 행복했던 사람들이 한순간에 불행을 맛볼 때라고 했던 것처럼.

재소자 면회실 풍경도 이산의 아픔이 배어있어 우리를 슬프게 한다. 더더욱 슬픈 것은 담 안의 수용자가 부모의 부음을 들었을 때다. 갇혀 있는 사람이 흘리는 눈물은 많은 사람을 슬픔에 젖어 들게 한다. 그래서 우리 행형법은 2일간 작업을 면제하고 마음을 위로하는 교회를 하도록 하고 있다. 또 요즈음은 모범수에게 귀휴를 허락하여 장례에 참석할 수도 있다. 어떻든 이 비극의 현장이 이제는 웃음꽃이 피어나고 있다.

수용자에게 합동 접견을 시행하고, 부부 만남의 집에서는 부부가 함께 하룻밤의 사랑을 나눌 수도 있다. 또 TV, 라디오 방송과 신문 등이 들어와 수용자들의 마음을 녹여 주고 있다. 이제 이곳에서도 웃음을 되찾아야 할 때가 아닌가 생각한다. 이제는 나 자신도 비극의 주인공이 아닌 코미디언이 되어야 할 것 같다. 그래서 내가 떠나온 우리 교정행정도 웃음꽃이 피는 웃음의 동산이 되기를 기도해 본다.

고등학교 시절

 중학교를 졸업하고 집에서 2년 동안 땔감을 준비하는 생활이 계속되었다. 허송세월 보내는 처지가 된 것이다. 그런데 갑자기 고등학교를 신설한다고 입학을 하라는 통지가 왔다. 이 얼마나 다행스러운 일인가?
 그리하여 중학교를 졸업한 2년 후배들과 함께 고등학교에 입학하여 수업을 계속할 수 있어서 얼마나 좋은지 모른다. 성전실업고등학교 농업과에 입학이 되고 또다시 십 리 길을 걸어서 등교하는 생활이 계속되었다. 1학년 1반이 50명 2반이 50명인데 2반은 남녀공학이었다. 성전실업고등학교 제1회 1학년 1반 임재문이 되었다. 중학교 다닐 때 몸이 약해서 학우들에게 두들겨 맞고 다녔기에 고등학교에서는 두들겨 맞지는 않아야 하겠다는 생각으로 틈만 나면 철봉 평행봉에 매달리고, 태권도 도장에 입관하여 태권도로 몸을 연마하게 되었다.

실업고등학교 농업과 이니 당연히 채소원예 양봉 가금 과수원예 중소가축 등등 농업 과목에 정진해야 맞는데, 나는 농업과목은 취미가 없고, 인문 과목인 영어 수학 국어 등등 인문 과목을 더 열심히 했다. 아마도 청개구리 고집이 그대로 남아있었나 보다. 그 덕분에 공무원 시험에 합격하는데, 많은 도움이 되었을 것이다. 고등학교 3학년 때 글짓기 대회에서 일등 상을 수상하는 영광을 안았다. 초등학교 3학년 때 글짓기 1등 상을 수상하고 고등학교 때 수상 했으니 학창 시절에 두 번 글짓기 대회에서 수상을 하게 된 것이다.

날로 새로워라! 하는 글귀를 돌판에 새겨서 정문 바로 앞에 세웠는데, 십 리도 더 멀리 가서 큰 돌을 학우들과 함께 운반해서 세운 추억이 남아있다. 지금도 잊히지 않는 내 고등학교 시절! 그러니까 나는 중학교 3년 동안 그리고 고등학교 3년 동안을 십 리 길을 걸어서 다녔다. 그것이 아마도 다리를 단련하는 기회가 되어 내가 산을 좋아하고, 태권도를 좋아하게 되었나 보다. 다시 그리운 내 고등학교 시절! 아름다운 추억이여! 학창 시절의 그 추억이여!

방황의 계절

 학교를 졸업하고, 군대 생활을 마치고 도회지에서 생활하게 되었다. 광주광역시에서 살았다. 처음에는 서방이라고 불리는 우산동에서 살다가 중흥동으로 옮겨서 생활했다. 성격상 누구에게 예속되는 것이 싫은 나는 그냥 되는대로 살았다. 하루 벌어 하루 먹는 생활이 계속되었다. 특별하게 직장도 없이 그렇게 방황의 세월이 흘러갔다. 내 나이 서른이 다 되어가는 어느 날 나는 굳은 결심을 하게 된다. 공무원을 해야 하겠다는 생각이다. 새장 속의 새는 새장 밖의 새를 부러워하고, 또 창공을 나는 새는 새장 속의 새를 부러워할 때도 있을 것이다. 새장 밖의 새는 먹이 사냥해야 하지만, 새장 속의 새는 주인이 주는 먹이를 먹으며 살기 때문이다. 그런 원리가 작용했을까? 공무원이 되려면 교도관을 해서 외길을 가기로 굳은 결심을 했다. 열심히 공부해서 9급 교도관 시험에 합격했다. 연수원 교육도 받지 않고, 충남 홍성교도소에 발령을 받았다. 홍성교도소 외정문 앞에 식당이 있었다. 발령을 받은 그 날 외정문 앞에 식당에서 아침을 먹는데, 나와 같이 식사를 하는 분도 홍성교도소에 배명을 받았다고 하는 것이 아닌가? 나보다 연상이요! 형님뻘이 되는 그분과 식사를 했다. 그런데 함께 근무하게 되었다. 문제는 나는 최말단인데 그분은 나보다도 2계급이 높은 간부급 공무원이 아닌가? 아! 나도 더 공부해서 교정 간부가 되어야 하겠구나, 결심하게 되었다. 내가 처음 배명 받아 감시대 근무를 하게 되었다. 감시대 근무는 십오 척 주벽보다 높은 곳에 1감시대 2감시대 3감시대 4감시대가 있다.

나는 전국에서 가장 높다는 홍성교도소 제2감시대가 내 첫 근무지였다. 감시대 근무를 하며 근무를 익혀가다가 신임 배명자가 오면 감시대 근무를 면하고, 순찰 근무라던가 수용자 대면 계호 업무를 담당해야 한다. 그런데 아무리 기다려도 신임교도관이 오지를 않는 것이다. 다른 사람들은 한두 달 후에 감시대 근무를 면하고 계호 업무를 하는데 나는 후임이 오지 않아서 1년이 넘도록 감시대 근무를 해야 했다. 지금도 잊히지 않는 홍성교도소 제2감시대! 주벽 뒤에 활터가 있다. 소장님께서 활쏘기를 좋아해서 직원들도 따라 좋아하게 되었다. 나는 풍체가 좋은 사람이 소장님인 줄 알고 "근무 중 이상 없습니다." 하고 보고를 했는데, 나중에 알고 보니 홍성교도소 운전기사님이 아니던가? 그래서 더 즐겁던 감시대 근무! 그 감시대 근무가 경비교도대가 창설되면서 군대 생활로 온 경비교도가 맡게 되었는데 경비교도대가 폐지되어 다시 교도관이 근무하게 되었다. 방황의 계절을 마감하고 직장생활을 하던 홍성교도소 제2감시대! 그때 그 추억이 그립기만 하다. 왜냐하면, 내가 젊은 시절이었기 때문이다. 다시 올 수 없는 홍성교도소 제2감시대! 지금은 그 누가 그곳에서 근무하고 있을까? 그 시절이 그립다.

3부 충남 홍성!
그곳은 축복의 땅!

── 충남 홍성! 그곳은 축복의 땅!

　내가 교도관 생활로 첫 배명을 받은 홍성교도소는 축복의 땅이다. 그곳에서 첫 직장생활을 시작했고, 또 그곳에서 결혼도 하고, 또 그곳에서 첫아들을 낳고, 또 그곳에서 7급 공개 채용 시험 합격의 영광을 안았기 때문이다.
　떠꺼머리 노총각이 장가를 가게 되었다. 연애도 못 해보고, 양가 이모의 중매로 성사가 되어 결혼했다. 3년 동안 하숙 생활을 마감하고, 가정을 꾸리게 된 것이다.

　트로트 노래 충청도 아줌마라는 노래가 있다.
　"가도 그만 와도 그만, 방랑의 길은 먼데 충청도 아줌마가 한 사코 길을 막네" 하숙집 아줌마는 충청도 아줌마다, '임총각! 임총각!' 하며 겨울 추위를 못 견디는 나를 위해 연탄불을 아끼지 않으셨던 충청도 아줌마! 하숙집 아줌마! 최근에도 전화

통화가 연결되어 안부를 전하고 있다. 잊을 수 없는 충청도 아줌마 하숙집 아줌마!

노총각이니 당연히 애를 낳아야 하는데, 아무리 기다려도 임신 소식은 감감무소식이요, 오리무중이었다. 주위에서 수군거리는 소리가 들리기도 했다.

주위 사람들을 깜짝 놀라기라도 하듯 아내는 드디어 임신에 성공했고, 기다리던 첫아들이 태어났다. 얼마나 기다리던 첫아들이었던가? 경사 났네, 경사 났어 외치지 않을 수가 없었다.

아들을 낳고 보니 그 여세를 몰아서 그동안 준비해온 7급 공개 채용 시험에 합격해야 하겠다는 결심을 하게 되었다. 홍성 도서관을 공부방으로 하고 열심히 했다.

드디어 교정직 7급 공개 채용 시험에 합격했다. 얼마나 좋은 일인지 모른다. 2계급 승진을 한꺼번에 한 셈이기 때문이다. 홍성교도소에 사직서를 제출하고, 수원시 우만동에 위치한 법무부 연수원에서 연수교육을 받게 되었다.

교정 간부로서 감독자의 자질을 연수받은 것이다.

교정직 간부로서 감독자의 길을 가게 된 것이다. 잊지 못할 홍성교도소의 추억을 뒤로하고 교정 간부로서 지금은 경북북부제1교도소인 그 당시 청송제1보호감호소에 첫 발령을 받았다. 청송제1보호감호소는 다시 청송교도소로 명칭이 바뀌고, 내가 퇴임한 후 경북북부제1교도소가 되었다.

그래서 나는 홍성교도소 그 시절을 잊을 수가 없다. 다시 그리운 홍성교도소 그 시절이여!

기독교적 감화

　1977년 8월 10일 자로 광주광역시에서 홍성교도소로 급한 배명을 받고 지도상에 나타난 '홍성'이라는 곳을 확인한 후 야간 삼등 열차에 몸을 실었다. 졸다가 깨고 하기를 수십 번, 묻고 또 물어 찾아온 곳이 충남 홍성교도소! 이제 오늘이 17일, 배명 받은 지 꼭 일주일째 된다.

　수원에 있다는 법무연수원에도 가지 않은 채 풋내기 교정직 공무원이 되었다. 아직 며칠 되지 않아서 이런 글을 쓴다는 것이 너무나 외람된 것일지도 모르겠다. 혹시 이 글이 교정지에 실리게 된다면 나의 대선배님들께서는 "야 인마! 아직 열흘도 못 된 게 뭘 안다고 이런 글을 써!" 아니면 "야! 빠르다 빨라. 등록부에 잉크나 마르거든 한마디라도 해라." 하고 나무랄지도 모른다. 하지만 나름대로 이유가 있었다.

꼭 오늘이 일주일째! 지금, 이 순간에 느끼는 모든 것들이 나에게 있어서는 가장 순수한 것들인 것 같다. 지금, 이 순간에서 하루만 더 지나도 아니 단 한 시간만 더 흘러도 나의 글이 퇴색될 것이라는 생각에 주제도 뼈대도 없이 나의 가장 순수한 심정을 급하게 써가고 있다.

1977년 8월 10일 아침 9시, 홍성교도소 외정문에 들어서자, 양옆 화단에 꽃들이 활짝 피어 있었다. 너무나 깨끗하게 잘 정돈된 것이 마음을 상쾌하게 했다. 꽃을 사랑하는 사람 중에는 악인이 없다는데……. 며칠 전 반포동 아파트 부인 살해범이 꽃가게 주인이었다는 점이 나를 놀라게 한다. 그 사람은 꽃을 사랑해서 꽃가게를 한 것이 아니고 단순히 돈을 벌기 위해서 했을 것이다.

나는 그 꽃을 매일 보고 있다. 꽃을 바라보며 즐겁게 살아가는 재소자 중에는 악한 사람이 한 사람도 없는 것 같다. 나와서 일정한 시각에 운동을 하고 규칙적으로 움직이는 재소자들의 눈동자에서 나는 악의를 전혀 느낄 수가 없다. 왜 저런 사람들이 여기 와서 이러한 생활을 해야 하는가? 저렇듯 양같이 순한 사람들이…….

더욱 놀라운 것은 아침 시간에 그들이 부르는 찬송가 소리다. 그들이 아무 뜻도 없이 입만 크게 벌리고 소리만 냈다고 해도 좋다. 하지만 사방에서 울려오는 찬송가 소리는 기독교인인 나에게는 짜릿한 느낌을 주었다. 이곳에 더욱 복음화가 절실히 요구된다고 생각하였다. 옛날 깡패 중에서 우두머리였던 사람들이 회개하고 예수를 믿은 후부터는 훌륭한 목사님도 되고 죄인을 구원해 내는 일을 하는 예는 너무나도 많다.

여기 있는 재소자들, 아니 전국의 모든 재소자에게 계호나 교도 징벌 같은 것도 좋겠지만 재소자들 한 사람 한 사람이 그리스도에게로 나아갈 수 있게 신앙으로 교화하는 것이 더 큰 성과를 거두리라 믿는다. 나는 종교를 가지고 있다. 더욱더 커다란 사명감을 느낀다.

── 승부가 없는 게임

　제2감시대에서 내려다보이는 운동장에는 오늘도 야구 경기가 한창이다. 고교 야구 결전장처럼 알루미늄 방망이에 홈런이 터질 때마다 관객을 즐겁게 해줄 야구공이 있는 것도 아니다. 보기에도 호감이 가는 알루미늄 방망이 대신에 굳게 쥔 주먹과 야구공은 어린이가 안으면 한 아름이나 되는 뭉툭한 배구공이다.

　그래도 그 나름대로 규율은 엄격히 지켜져서 타자가 있고 주자가 있고 야수가 있고 캐처가 있다. 백색 라인의 야구 경기장 대신에 주전자에 담긴 물로 경기선을 만들고 두 편으로 나뉘어 경기한다. 이것이 재소자들이 운동 시간에 하는 야구 경기다.

　작은 야구공을 방망이로 때리는 것보다 배구공을 주먹으로 때리는 것이 안타의 타율이 높은 것은 사실이다. 그 나름대로 홈런도 자주 터진다. 경기는 무르익어 재소자들의 얼굴에는 땀방울이 맺히고 "아웃이다" "아니다" 다투기도 한다. "쓰리아웃 체인지"가 서너 번 계속되고 주자가 타자의 안타나 홈런을 기다리고 있을 무렵 담당의 호루라기 소리가 요란히 울리자 재소자들은 들고 있던 공도 던져 버리고 언제 자신들이 야구 경기를 했느냐는 듯이 승부도 가리지 못한 채 담당 앞에 집합하고 만다. 던져진 야구공이 아닌 배구공만이 '퉁퉁퉁' 소리를 내며 몇 번 튀어 올라 여운을 남길 뿐이다.

나는 여기서 인생의 한 단면을 본다. 이따금 신문 지상에 모모 아무개 씨 지병으로, 또는 사고로 별세, 향년 40세, 50세, 55세 등등 비교적 젊은 나이로 타계하신 분들의 부음을 들을 때 재소자들의 야구 경기에서처럼 승부 없는 게임을 연상하고 인생이 슬퍼지기까지 한다.

내 나이 현재 30세! 앞으로 20여 년! 재소자들에게 20년이라면 너무나도 지루한 세월이 될지도 모르겠지만 너무나 하고 싶은 일들이 많은 나에게는 너무나 짧고 재소자들의 야구 경기처럼 승부 없는 게임이라고 느껴진다. 또한, 고희를 넘기고 인생을 오래 산 사람이라고 해도 결코 인생의 승부를 가릴 수는 없는가 보다. 왜냐하면, 인생의 포부와 욕망은 끝이 없기 때문이다.

"청년이여! 대망을 품으라!"라는 말이 아니라도 사람은 누구나 보다 큰 보다 나은 길을 가려는 것이 꿈이다. 물론 그 길이 옳은 길이냐, 아니냐에 따라서 다르겠지만 말이다. 우리나라 남종화의 대가이셨던 고 의제 허백련 선생님은 고희를 넘기시고 80여 세를 사신 분이시다.

우리나라 남종화의 제 일인자이셨지만 타계하실 때 마지막으로 남기신 말씀이 "이제 그림을 조금은 알 수 있을 것 같은데 죽는 것이 아쉽다."라고 하셨다. 역시 승부가 없는 게임이었다고 설파하신 것 같다

승부가 없는 게임! 재소자들의 야구 경기! 이것은 오늘날 우리 교정행정의 한 단면이 아니겠는가 생각해 본다. 재소자들은 교도소에 입소하여 일정 기간 복역을 한다. 계호 교도를 통한 공장 근무 등 수많은 과정을 거치다가 석방이라는 경적에 재소자들은 사회에 나간다. 하지만 그들이 또다시 범죄 하지 않으리라고 그 누가 보장하겠는가?

역시 승부가 안 나는 경기가 아니겠는가? 오늘 KBS 라디오 방송에 귀를 기울이니 법무부에서는 또 어디에 교도소를 신축하고, 또 어디 교도소를 어디로 이전하고 또 어디에 소년감별소를 설치하고, 또 돈을 더 많이 들여서 교도소를 많이 짓겠다고 한다.

물론 좋은 일인 줄은 잘 안다. 하지만 한편으로는 가슴 아픈

일이 아닐 수 없다.

　내가 알기로는 우리나라 교정행정의 역사가 꽤 깊고 수많은 세월이 흘렀건만, 교도소가 없어져 가고 범죄가 줄어드는 것이 아니라 범죄가 더욱 늘어 교도소가 더욱 많아지고 있으니 말이다. 이렇듯 "승부 없는 게임"보다는 근본적인 교정행정을 개발해야 하는 것이 우리 교도관들의 임무라 생각할 때 무거움을 느끼지 않을 수 없다.

　아침이면 참새가 감시대 위에 올라앉아 밤사이 조명등을 보고 찾아왔다가 돌아갈 줄도 모르고 졸고 있는 나방과 해로운 벌레들을 잡아먹고 있는 모습을 본다. 저렇게 벌레를 잘 잡아먹고 해로운 벌레를 맛있게 먹어 치우는 참새가 논에 가서는 왜 벼를 먹을까? 하고 의심도 해보지만, 참새가 벼를 먹고 산다는 것은 누구나 다 아는 사실이다. 우리의 교정행정이 저 참새들의 마음을 뜯어고쳐 벼를 먹지 않게 하는 것보다 더 어려운 일이라고 생각해 본다.

미리엘 신부님의 은촛대

　새장 속에 사는 새는 새장 밖의 새를 부러워하고 새장 밖의 새는 새장 속에 사는 새를 어떤 의미에선 부러워할 때도 있을 게다.
　새장 속에서 보이는 푸른 하늘은 얼마나 아름다운가? 높고 높은 푸른 하늘에서 꿈의 날개를 펴고 마음껏 날고 싶을 것이다. 반면에 새장 밖에 사는 새는 새장 속에서 화려한 날개를 늘어뜨리고 새장 안에 수북이 쌓인 온갖 먹이를 먹고 있는 새를 부러운 눈으로 바라볼 때도 있을 것이다.

　십오 척 담 안에서 살아가는 재소자들은 담 밖의 세상을 동경한다. 교도소에서 그들에게 아무리 처우를 잘해주어도 그들은 하루라도 빨리 출소하고 싶어 한다. 그것이 그들의 꿈이요, 희망이다. 그들의 행동 하나하나가 출소를 향한 몸부림이다.

사회에서 그들의 죄상이 아무리 포악하고 악랄했었을지라도 교도소 안에 들어오면 대개는 순한 양같이 되어 규칙적인 생활을 하며 살아가는데 무장한 교도관이 무서워서라기보다는 언젠가는 출소할 수 있다는 한 가닥 희망이 있기 때문이다.

그토록 동경하던 바깥세상! 출소일을 앞두고부터 뒤척이며 잠 못 이루던 수많은 밤들! 손꼽아 가며 출소일 만을 기다리던 그들이 왜 , 또다시 범죄를 하고 교도소로 돌아와야만 하는가 "우리 머리 위로 새들이 날아다니는 것은 막을 수 없다. 그러나 우리 머리 위에 새가 둥지를 틀고 새끼를 까는 것은 막을 수 있다."라고 루터는 말했다.

우리 마음속에 온갖 더러운 욕심과 생각들이 스쳐 지나가는 것은 막을 수 없지만, 그러나 그 생각들이 우리의 마음을 사로잡고 범행을 하는 것은 막을 수 있지 않겠는가?

공중에 날아다니는 새들은 벌을 먹이로 삼아 쪼지 않는다고 한다. 그것은 어미 새에게 배워서가 아니고 일생에 단 한 번 실수로 벌을 쪼아 먹다가 벌에게 쏘이고 나서 그 따끔한 아픔과 함께 벌의 모습을 뇌리에 새기고 다시는 벌을 쪼아먹는 실수를 범하지 않기 때문이라고 한다. 한갓 인간이 미물인 새만큼도 못한 존재인가? 아니면 교도소가 벌의 따끔한 침의 역할을 다하지 못함인가? 얼마 전 수원에서 출소한 재소자 한 사람이 출소 후 8시간 만에 재범하여, "갈 곳도 없고 교도소에나 다시 가야겠다."라고 말했다지 않는가?

 최근 법무부 통계에 의하면 전과자의 재범률이 많이 감소하였다고 한다. 또 전과 말소 계획도 세워두고 있다고 한다. 반가운 소식이 아닐 수 없다. 하지만 날마다 보도되는 신문의 사회면에는 전과자들의 범죄사실이 대형 활자로 보도되고 있다. 또한, 그들의 범죄는 날로 악화되어 완전범죄를 노리고 사람을 토막 내어 죽이기까지 한다. 끔찍한 일이다. 사람이 어떻게 사람을 토막 내어 죽일 수 있을까?

 빅토르 위고의 「레 미제라블」의 주인공 장발장은 죄수였다. 그가 가난과 굶주림에 못 이겨 빵을 훔친 죄로 수감되었다가 탈옥을 거듭한 끝에 19년 동안의 옥살이를 마치고 출소하여 미리엘 신부에게 감화를 받고 재생의 길을 걷는 이야기는 너무나도 유명하다. 나는 이 이야기에서 두 인간의 모습을 본다. 하나는 자기가 아끼던 은그릇을 훔친 장발장을 너그러운 마음으로 용서해 주고 은촛대까지도 내어주는 미리엘 신부의 인자한 얼굴이요 또 다른 하나는 그가 개과천선하여 마들렌느로 이름을 바꾸고 시장의 직위에 이르렀을 때도, 아니 그가 죽을 때까지 그림자처럼 그의 뒤를 쫓는 무자비한 형사 자벨 경위의 매서운 눈초리이다.

오늘날 교도소에는 재소자들에게 부작위 의무를 잔뜩 지워 놓고 그들의 잘못된 면만을 뒤쫓는 자벨 경위의 눈초리와 같은 무자비함이 없는지 모르겠다. 교도소에서 좀 더 그들의 처지를 이해해 주고 그들이 재범하지 않도록 너그러운 마음으로 관용을 베푸는 미리엘 신부의 인자함이 더욱더 절실히 필요하지 않을까?

교도소뿐만이 아니다. 전과자를 냉대하고 사건만 터지면 전과자부터 들먹거리고 혐의야 있건 없건, 범죄사실이 크건 작건 전과가 있다는 사실만으로도 입건의 대상이 되는 아이러니컬한 상황들!

지금도 어느 골목 어느 곳에서 한국의 자벨 경위는 두 눈을 번득이며 전과자의 뒤를 쫓고 있지는 않은지…….

──── 청송교도소 시절

    청송교도소에 교정 간부로서 첫 발령을 받고 전날 밤 안동역에 도착하여 안동역 인근 여관 신세를 지고 버스를 타고 굽이굽이 산길을 돌고 돌아 도착한 청송군 진보면에 위치한 청송교도소!

    그 당시는 청송제1보호감호소라고 했다. 청송교도소 직원관사가 지어지지 않은 상태에서 발령을 받아 어렵사리 전셋집을 구해서 이삿짐을 내려놓을 수가 있었다. 전셋집에서 반년 정도 살다가 관사 아파트가 완공되어 신혼처럼 새 아파트에 입주하던 추억은 잊을 수가 없다.
    그곳에서 내 딸 아미를 낳았다. 안동병원 산부인과에서 출생한 내 딸 아미는 천둥 번개와 함께 장대비가 쏟아지는 칠월 말경 태어났다. 나는 틈만 나면 반변천을 거닐며 수석에 심취해 있었다. 반변천의 달밤은 그 얼마나 아름다운지 모른다. 중부 고속도로가 없던 그 시절!

내 고향 해남을 가려면 10시간도 더 달려야 고향 집에 도착할 수가 있다. 그래서 고향을 그리며 쓴 수필 "고향 그림"이 한국수필지에 초회 추천되기에 이른다. 초회 추천을 받고 그 당시 경희대학교 국문과 명예교수님이셨던 서정범 교수님께 첨삭지도를 받았다.

청송 바람은 또 그 얼마나 세차게 부는지, 겨울이면 추위와 싸워야 했다. 고추 농사를 주로 많이 하는 청송군 진보면 사람들! 직원 회식을 하려면 진보면에서도 하지만, 안동에 가야 그래도 도회지 같은 기분이 되는 것이었다. 청송에서는 주로 멧돼지 고기를 안주 삼아 소주를 많이도 마셔댔다.

청송교도소에서 내 업무는 경운주임이었다 보호감호자들을 인솔해서 광덕교 부근에 콩을 심고 채소를 심고 가꾸는 일을 해야 했다. 그래서 내 얼굴이 검게 변해 있었다. 사람들은 내 얼굴이 원래 그렇게 검은 얼굴인 줄 알았다고 하는 것이 아닌가?

그 후로 서울구치소에 발령을 받아 보안2계에 근무할 때는 햇볕 구경을 할 수가 없으니 얼굴이 하얗게 변해서 사람들을 놀라게 했다. 청송 바람으로 유명한 청송교도소! 그 시절이 주마등처럼 떠오른다. 다시 그리운 청송교도소 그 시절 이제 또 다시 그곳에 가고 싶어진다.

── 고향 그림

　고향 그림은 동양화였다. 그 동양화 한 폭 속에 내 고향은 그대로 있었다. 지금은 없어진 초가도 거기에는 옛날처럼 서 있고, 지금은 남의 손으로 넘어가 헐리고 폐허가 되어 버린 내가 살던 고향 집도 그대로 있었다.
　전봇대만큼이나 큰 통나무 네 개를 세워서 만든 십자가가 있는 종각과 초가로 이은 예배당에서는 지금도 은은한 종소리와 함께 찬송가 소리가 들려올 것만 같다.
　나는 고향 그림이 좋았다. 많이도 변해 버린 고향 산천을 그 그림 속에서는 옛날처럼 대할 수가 있었고, 그 그림을 보는 동안 옛날로 돌아가 동심 속에서 꿈속에서처럼 고향 산천을 거닐며 노닐 수가 있기 때문이다.

　내가 십수 년을 고향을 떠나 살면서 이제 늘 가까이하는 고향 그림은 아버님께서 나를 위해 손수 그려 주신 것이다. 수년간 당뇨로 또 합병증으로 고생하시는 아버님은 이제 정든 직장마저도 정년 퇴임하신 뒤, 병세가 더욱더 악화되어 수척해져 가시는 것만 같아 걱정스럽기만, 하다.

종이 한 장이면 산 설고 물선 타향에서 타향으로 몇 년 만에 한 번씩 자주 옮겨 다녀야 하는 이 아들을 위하여 떨리는 손으로 붓을 잡아 그려 주신 고향 그림 동양화 한 폭!

그 그림 속에서 나는 아버님의 따뜻한 사랑을 피부로 느끼며 고향의 훈훈한 입김을 맡아낼 수가 있다.

내가 발이 닳도록 걸어 다니던 들길을 따라 고향길을 거니노라면 바로 앞에는 내가 다니던 초등학교가 나를 반기고 "비슬안 열두 동네"라고 하는 마을 마을들이 흑석산 기슭을 따라 옹기종기 모여 있고, 초등학교 바로 뒤에는 내가 살던 정든 집과 내가 다니던 예배당이 있었다. 그때 우리 집과 이웃집 사이에는 울타리에 연하여 감나무가 한 그루 서 있었다.

우리는 감이 익어가고 붉어질 때쯤이면 서로 더 많이 따 먹겠다고 또 얼마나 다투었던가?

이제 우리 집도 이웃집도 그리고 그 감나무마저 없어져 버린 지금, 왜 그때는 그래야만 했던가? 한없이 후회스럽기만, 하다.

오늘도 단돈 몇 푼에 사람을 죽이고 아옹다옹 살아가는 인생

살이가 야속하기만 하다. 그뿐인가? 겨울이면 콧잔등이 시큰
하도록 찬바람이 불어대던 흑석산 산기슭을 타고 내려와 송림
이 울창한 "동서 굴"이라고 하는 작은 산이 우리 일가의 문중
산인데 거기에는 우리 증조할아버지, 할머니와 연전에 돌아가
신 내 할머니의 산소가 자리하고 있다. 내 눈이 머무르는 거기
쯤 할머님께서도 비바람이 몰아쳐도 눈보라가 휘날리는 겨울
날에도 그냥 그곳에 누워 계실 것이었다. 나는 할머님께서 세
상을 떠나실 때 얼마나 슬펐는지 모른다. 스물두 살의 젊은 나
이에 홀로 되어 내 아버님만을 바라보고 평생을 홀로 사셨던
할머님이 아니던가?

"하늘가는 밝은 길이 내 앞에 있으니, 슬픈 일을 많이 보고
늘 고생하여도, 하늘 영광 밝음이 어둔 그늘 헤치니, 예수 공로
의지하여 항상 빛을 보도다."

조영남의 구성진 목소리가 들길을 따라 흔들리는 장의차 속
에서 흐느끼듯 흘러나오고, 그때 아버님께서는 금빛 나는 안
경 아래로 연방 구슬 같은 눈물을 흘리고 계셨다.

참으로 그 길은 하늘로 통하는 길이었다. 이제 언젠가는 내
아버님께서도 그 길을 가실 것이고, 후조처럼 떠돌아다니던
내가 또 그 길을 따라 하늘나라로 가야만 하리라.

고향, 그곳은 내가 태어나 내 뼈가 굵은 곳이요, 또 내가 그
어느 땐가는 돌아가야 하는 곳이다. 이 고향을 떠나 살아가는

사람들은 항상 고향이 그립다. 한 잔 술에 취해서도 고향 노래를 부르고, 밝은 달만 쳐다보아도 고향을 생각하고 불현듯 고향으로 달려가고 싶다. 그래서 해마다 추석이나 설 명절에는 귀성 인파가 줄을 잇고 고향을 찾게 되는 것이 아닐까.

나는 교도관이다. 나는 날마다 15척 담 안의 재소자들을 바라보며 그들에게 고향을 물어본다. 그들은 더듬거리며 고향을 이야기한다. 얼굴빛이 슬퍼 보이는 그들은 불행한 사람들이다. 고향이 그리워도 갈 수가 없기 때문이다. 어쩌면 마음의 고향마저도 떠나 버린 그들인지 모른다.

이제 내가 할 일은 그들에게 마음의 고향을 찾아 주는 일이다. 보름달처럼 정다움으로 그들을 대해 주어야 할 것 같다.

내가 고향 그림을 선물받은 것처럼 그들의 마음속에 훈훈한 고향의 정을 심어주고 싶다.

동백꽃 피는 고향

고향의 봄은 양지쪽에서 피어나는 동백꽃으로부터 왔다.

겨우내 꽃망울을 머금고 있다가 봄이 오기가 무섭게 숫처녀의 젖가슴처럼 부풀어 수줍은 듯 피어나는 꽃! 그냥 한입에 꼬옥 깨물어 주고 싶도록 아름다운 꽃이, 동백꽃이다.

나는 동백꽃을 좋아한다. 고향의 추억과 고향의 꿈이 피어나는 꽃이기 때문이다. 봄, 여름, 가을, 겨울, 사시사철 동백은 푸르름을 간직하고 있다.

모든 아름다운 꽃들이 시들면 추하게 보이기 마련이지만, 동백꽃은 시들기 전에 꽃이 떨어져 추태를 보이지 않는 꽃이다.

내 고향 해남에는 동백꽃이 많다.

대밭에도 울타리에 연하여 동백꽃이 피어나고, 소나무가 많은 "꿩베미 산"에도 동백꽃은 있다. 고향의 어디를 가도 동백꽃은 흔하게 볼 수가 있다.

 내가 개구쟁이 어린 시절에 신우대로 빨대를 만들어 동백나무 위에 올라가 꽃꿀을 빨아먹던 일은 잊을 수가 없는 추억이다.

 동백 잎이 기형으로 자라 여러 가지 모양의 열매처럼 변한 동백 떡을 따 먹던 일, 동백나무가 많은 동산 "동백 정"에서 친구들과 편을 갈라 자치기를 하고, 주먹으로 공을 때리는 야구 놀이를 하던 일은 빨갛게 피어나는 동백꽃과 함께 잊을 수가 없다.

 사시사철 푸르던 동백 잎이 온통 빨갛게 보이도록 동백꽃이 피어나고, 불어오는 봄바람에 꽃송이들이 한 송이 두 송이 떨어져 내리는 날이면 나는 불현듯 내가 어릴 때 좋아하던 한 소녀의 죽음을 생각하게 된다.

 갑돌이와 갑순이 이야기처럼 그녀와 나는 한마을에 살았었고, 우리는 어려서부터 단짝 친구였다.

 이른 봄이면 그녀와 나는 스기나무가 많은 '스기산'으로 고사리를 꺾으러 다니고, 남보랏빛 딱지꽃이 피어날 때면 '민재굴'로 딱지와 더덕을 캐러 다녔다.

 시오리가 족히 되는 중학교에 걸어서 다닐 때도 그녀는 동백꽃처럼 빨간 가방을 들고 다녔고, 나는 그 빨간 빛깔이 좋아 먼발치로 그녀의 뒤를 쫓기도 했다. 중학교를 졸업하고, 고등학교에 입학할 무렵에는 내게도 사춘기라는 것이 찾아와 그녀를 친구가 아닌 이성으로 느끼기 시작했다. 같이 다니기도 서먹서먹해서 항상 멀리 떨어져 바라보아야 했고, 멀리 떨어져 있을수록 그녀와 단둘이 있고 싶은 충동은 더 했다. 그녀와 단둘이 호젓한 숲길을 걷고 싶고 아무도 보지 않는 곳에서 그녀와 밀어를 나누고 싶었다.

그러던 어느 날, 나는 마음을 크게 먹고 그녀와 만나기를 결심했다. 두근거리는 가슴을 억누르며 용기를 내어 우물가를 지나던 그녀를 불렀다.

"오늘 저녁, 마을 앞 동백나무 밑으로 나와!"

무뚝뚝하게 내뱉듯 하는 내 말에 그녀는 예상외로 그러나 수줍음을 감추지 못하고 고개를 끄덕이며 쾌히 승낙을 해 주었다. 그날 밤, 나는 저녁을 먹는 둥 마는 둥 급히 마을 앞에 있는 동백나무 밑에 가서 그녀가 오기를 기다리고 있었다.

얼마쯤 되었을까? 아무리 기다려도 그녀는 나와 주지를 않았다. 기다리는 그녀는 오지를 않고, 굵은 빗방울이 하나씩 둘씩 떨어지기 시작하더니, 이내 장대 같은 빗줄기가 천둥 번개와 함께 퍼부었다.

나는 옷이 젖는 줄도 모르고, 그냥 그 자리에 서 있었다.

우산을 받쳐 들고라도 그녀가 달려와 줄 것만 같아서였다.

천둥 번개와 함께 퍼붓는 빗줄기에 이따금 머리 위로 떨어져 내리던 동백꽃 송이송이들, 나는 그녀를 미워할 수밖에 없었다. 그런데 바로 그 뒷날에야 나는 그녀가 읍내 도립병원에 입원했다는 소식을 들었다. 그리고 끝내 그녀는 숨지고 말았다. 너무나도 갑작스러운 죽음이었다. 그랬었구나, 나는 그것도 모르고 그녀를 미워하고…….

"오월아! 미안하다."

나는 그 밖에 더할 말을 찾지 못했다. 그녀의 장례는 어두운 밤에 치러졌다. 어둠 속에 호롱불을 밝혀 들고 묵묵히 걸어가던 장례의 행렬…….

나는 서 씨들이 만들었다는 '서 다리' 위에 우뚝 서서 깜박거리는 호롱불 빛이 '쏘빠탕' 들판을 가로질러 '다만돔' 산골짜기로 사라질 때까지 지켜보고 서 있었다.

그렇게 철석같이 약속해 놓고는 한마디 말도 없이 가버린 그녀! 시들기 전에 떨어지는 동백꽃 송이처럼 그녀는 떠나가 버린 것일까? 그렇다! 나도 세상의 많은 사람에게 고개를 끄덕이며 많은 것을 약속해 두고 어느 땐가는 한마디 말도 없이 떠나가야만 하리라!

아! 내일을 모르고 오늘을 살아가야 하는 인생살이여!

지금도 고향의 동백꽃은 피고 또 지련마는 외로운 그녀의 넋은 어느 하늘 아래 뜬구름처럼 정처 없이 흘러만 가는가?

── 청송 바람

바람이 분다. 세찬 바람이 분다. 콘크리트를 핥아 삼킬 듯이 세차게 부는 바람! 우리는 이 바람을 귀신 바람이라고 부른다. 야간 근무를 하노라면 창밖에서 들려오는 바람 소리가 흡사 "전설의 고향"에서나 나옴 직한 귀신의 호곡 소리처럼 들리기 때문이다.

돌부리를 울리며 흙먼지를 몰고 오는 청송 바람! 초가을 찬 서리가 내리기 전부터 불어대던 청송 바람은 겨우내 끊임없이 그렇게 불어 대고도 모자라서 우수가 지나고 경칩이 지난 지금도 그렇게 끈질기게 불어대는 것이다.

어느 해 늦가을 영농교육장에서 시커먼 먹구름을 동반하고 천둥 번개와 함께 비까지 퍼부으며 불어대던 돌풍을 나는 잊을 수가 없다. 도대체 어디에 그렇게 많은 바람을 모아 두었다가 겨울이면 그렇게 세차게 불어 보내는 것일까? 청송 바람은 변덕이 많은 바람이다. 믿지 못할 것이 여자의 마음이라고 하던가? 그렇다면 청송 바람은 여자의 마음처럼 부는 바람이다.

 잔잔하고 화창한 어느 봄날, 낚싯대를 걸머지고 물가를 찾는다. 낚싯대라고 해야 간반짜리 들어 올리는 낚싯대에 지렁이 몇 마리면 족하다.

 누군가 세월을 낚는다고 했던가? 그렇다. 나도 세월을 낚기 위해 물가를 찾는 것이다. 잔잔한 호숫가에 낚시를 드리우고 찌의 움직임을 바라보고 앉아 있노라면 온갖 아름다운 생각들이 떠올라서 좋다.

 그런데 내 생각의 실마리가 채 풀려나기도 전에, 찌의 움직임이 몇 번 보이기도 전에 기어이 청송 바람은 불어오는 것이다. 그것도 위풍당당하게 불어오는 바람이고 보면 무어라 할 말을 찾을 수가 없다.

 세찬 바람에 요동하는 찌를 바라보며 세월을 낚으리라는 내 생각은 어느새 사라지고 바람만 가득히 낚아 오는 꼴이 되고 마는 거였다. 그토록 잔잔하던 날씨가 바람을 몰고 올 줄이야…….

 청송 바람은 꿈을 짓밟는 바람이다. 청송의 푸르른 소나무들은 대들보의 꿈을 잃은 지 오래다. 고목의 자태와 축소미를 자랑하는 분재 목처럼 그렇게 앙상하게 자라 버린 야산의 소나무들, 바람에 시달리는 청송의 소나무여!

내 고향 해남에는 무화과나무가 많다. 부모님 계신 고향 집 뜰에는 앞에도 뒤에도 온통 무화과나무로 둘러싸여 있다. 추석 무렵에는 껍질이 벌어지도록 잘 익은 무화과의 향기가 집 안 가득히 풍겨 나와 훈훈한 고향 냄새처럼 그렇게 좋을 수가 없다.

나는 고향 냄새처럼 향긋한 무화과 향기가 좋아서 고향 꿈이 담긴 무화과나무를 산 설고 물선 이곳 청송까지 가져와 심었다.

보안과 사무실 앞 양쪽 화단에 심어진 내 무화과나무 두 그루! 고향을 보듯이 보리라고 심어 놓은 내 무화과나무는 매서운 청송 바람에 견디지 못하고 죽어가는 것이다. 차라리 죽어버리면 뽑아 내버리기라도 할 것을, 이듬해 봄이 오면 밑동에서 다시 새순이 돋아 나와 가지에 잎이 피고, 겨울이면 또다시 죽어가는 가련한 내 무화과나무, 나는 지금 지난겨울을 견디지 못하고 죽어간 무화과나무 가지를 꺾어 코에 대고 냄새를 맡아 본다. 고향 냄새가 난다. 향긋한 고향 냄새다.

이제 또다시 새봄을 맞아 내 무화과나무 밑동에도 새순이 돋아 나오고, 고향 꿈으로 가지에 잎이 피어날 것이겠지만, 겨울바람을 견디지 못하고 죽어야 하는 무화과나무의 운명은 야속하기만 하다.

바람아! 청송 바람아! 외로운 나그네처럼 살아가는 내 인생의 꿈을 짓밟지나 말아다오, 무화과의 꿈이 피어나 열매가 익어 향기를 토할 때까지 말이다.

필자 주
: 1983년 청송교도소 현 경북북부제1교도소 재임 시 쓴 글입니다.
교도소 근무! 24기 교정간부 첫 배명이 현 경북북부교도소인 청송교도소였습니다.
그 당시 군대에서 관리하던 보호감호자들을 급히 인수해야 했기 때문에 관사도 채 되지 않고 시설도 채 완공되지 않았던, 그러니까 처음에는 청송 제1보호감호소라고 불렸던 그곳에 첫 배명을 받은 것입니다.
전남 해남이 제 고향인데 고향을 한 번 가려면 차를 여러 번 갈아타야 했기에 10시간 넘게 시달려야 했습니다.
그래서 참으로 어려운 시절을 보내야 했기에 무화과나무에 제 감성을 담아 보았습니다. 무화과나무처럼 힘들었던 그 시절이 퇴임 후 십여 년이 지난 지금 그립기만 합니다. 청송을 떠나와 호송으로 청송교도소를 들렀을 때 보안과 앞 화단에 무화과나무가 있는 것을 확인했던 기억이 새롭습니다.
지금은 퇴임 후 벌써 15년이 지났습니다.
제 고향은 전남 해남인데 따뜻한 남쪽 나라에서 자란 제가 산 설고 물선 청송에서 매서운 찬바람과 함께 초창기 참으로 어려운 시절을 보냈지요.
청송교도소에서 고향 해남을 가려면 중앙고속도로도 없던 그 시절에 참으로 10시간이 넘게 소요되었습니다. 거짓말이라고 하겠지요? 이제야 밝힐 수 있는 진실입니다.

4부   눈 내리는 겨울

── 눈 내리는 겨울

나는 겨울을 싫어한다. 남다르게 추위를 타기 때문이다. 겨울이 오기 전, 늦가을에 찬바람이 난다는 소문만 들려와도 나는 겨울 내의를 껴입고는 이듬해 오뉴월이 다 가도록 옷을 벗지 못하는 사람이 된다.

그뿐인가? 잠자리에 들 때는 이불을 두 겹으로 덮고서야 편한 잠을 잘 수가 있다. 그래서 나는 겨울의 추위는 견디기 어려워도 여름의 더위는 견딜 수 있다고 호언장담하는 사람이다. 그것은 여름의 더위가 좋아서 참으로 견딜만해서가 아니고 겨울에 '춥다. 춥다.' 하는 사람이 여름에 덥다고 말할 염치가 도무지 없기 때문이다. 하지만 막상 여름이 되어 등줄기에 땀이 물 흐르듯이 흐르고 푹푹 찌는 삼복의 무더위가 계속될 때면, 나는 추울 때의 그 호언장담은 어디론가 사라져버리고 그 무더운 여름 앞에 두 손을 번쩍 쳐들고 말아 지조 없는 사람이 되기가 일쑤다.

　생각 같아서는 춥지도 덥지도 않은 봄, 가을만 계속된다면 오죽이나 좋으랴마는, 추운 겨울이 없는 봄과 무더운 여름이 없는 가을은 또 얼마나 멋없는 것이 되겠는가?

　땀 흘리는 여름이 있기에, 가을은 우리 뼛속 깊이 풍요한 결실과 시원함을 안겨 주는 것이요. 북풍한설 몰아치는 추운 겨울을 견디고 나서야, 따뜻한 봄을 노래할 수 있는 것이 아니겠는가?

　아무튼, 나는 겨울을 가장 싫어하는 사람 중의 한 사람임에는 틀림이 없다. 그런데, 그 지겹도록 추운 겨울, 어느 날 아침, 잠을 깨어 창문을 열고 밖을 내다보니 온 세상이 하얗게 백설로 덮여있고, 이윽고 솟아오르는 햇빛에 흰 눈의 반짝거림을 보게 되었을 때, 나는 또 눈 내리는 겨울 앞에 미소를 보내게 되고, 내 마음을 통째로 주어버리고 마는 것이다.

　눈 내리는 겨울! 흰 눈은 겨울을 겨울답게 하는 것이지 마는, 조용히 내리는 눈을 바라보고 있노라면, 개구쟁이 시절 눈싸움하던 생각으로부터 내 생각은 꼬리에 꼬리를 물고 이어지게 마련이다.

　우리는 흔히 영상을 통하여 눈 내리는 장면으로 세월이 흐르는 것을 표현함을 볼 수가 있다. 그렇다. 눈이 내리는 것을 보면 세월의 흐름을 의식할 수가 있고, 때로는 세월을 거슬러 올라가, 옛 생각들로 눈시울을 적시게 하고, 싱거운 웃음을 자아내게도 하니, 나는 흰 눈을 바라보며 가장 순수한 마음이 되기도 하는 것이다.

흰 눈은 돌아가신 내 어머니를 생각나게 한다. 어머니는 가장 순수한 마음의 고향이기 때문이다. 내 어머니께서도 나만큼 흰 눈을 좋아하셨는지 모른다. 내가 어릴 때 콩을 볶아달라거나, 무엇을 사달라고 조를 때면, 내 어머니께서는 흰 눈이 오면 해 주마고 약속을 하셨던 것이다. 그래서 나는 그때 하늘을 우러러 흰 눈이 오기를 얼마나 기다렸던가? 이제는 약속을 해 주실 내 어머니도 계시지 않아, 나는 어린 시절 어머니와의 약속들을 생각하고 때로는 눈이 오면 무엇인가 이루어질 것만 같은 착각에 사로잡히기도 한다.

이 겨우내 어머니 무덤에도 흰 눈은 내려 쌓일 것을 생각하면, 무언가 서글픈 감정을 느끼지 않을 수가 없다. 왜 사람은 죽어야 하는가? 그리고 아무도 눈을 쓸어 줄 이도, 없는 외로운 무덤에 홀로 누워 있어야만 하는가 말이다.

펑펑 쏟아지는 눈이 밤낮을 가리지 않고 내려 쌓이게 될 때 나는 어릴 때, 눈 내리던 밤, 죽음의 소식을 전하러 가던 일이 되살아나 오싹 한기를 느끼기도 한다.

그날도 그렇게 밤낮을 가리지 않고 눈은 내려 쌓이기만 하는데, 우리 집에서 꽤 멀리 떨어져 살고 있는 내 당숙모 되는 사람이, 병든 시어머니를 등에 업고 병원에 가는 도중, 눈으로 찻길이 막혀 하는 수 없이 우리 집에 들르게 되었던 것이다.

환자는 원인을 알 수 없는 병으로 먹는 것마다 토해내고 있었다. 아무리 치료를 해도 병세는 차도가 없고, 연일 눈은 내려 쌓이기만 하고. 사흘째 되던 날 밤, 자정이 넘은 시각에 환자는 기어이 저세상으로 가고 말아 시어머니를 잃은 며느리의 봇물 터지듯 터지던 울음은, 고요한 밤의 정적을 깨고 듣는 이로 하여금 가슴 깊이까지 슬픔을 느끼게 했다.

그날 밤 나는 죽음의 소식을 전하기 위해 개털 모자를 눌러 쓰고, 앞이 보이지 않도록 내리는 눈 속을 손전등으로 비춰가며 걸어가야만 했다.

휘 휘 세차게 불어대는 눈보라에 더러는 무릎 위에까지 빠져들어 가는 눈을 헤쳐 나와야 하고, 어렵사리 환자의 집 앞에 당도하여 대문을 두드리고 잠옷 바람으로 뛰어나온 환자의 남편에게 떨어지지 않는 입을 열어 간신히 죽음의 소식을 전했을 때, "아! 나는 어떻게 살라고," 하며 헐레벌떡 돌아 들어가던 모습, 참으로 죽음의 소식을 전한다고 하는 것은, 전하는 사람이나 죽음의 소식을 듣는 사람이나 다 같이 괴로운 일이요, 슬픈 일이라고 생각하지 아니할 수가 없다.

그 후 얼마 되지 않아 혼자된 사람마저 저세상으로 가버리고 말았지만, 내려 쌓이는 눈 속에 그때 그 얼굴 모습들이 스멀스멀 되살아나는 것은 무슨 까닭인지 모르겠다.

눈 오는 날은 강아지도 좋아서 껑충껑충 뛰어다니고 모두가 유쾌한 얼굴들이어서 우울해하는 사람은 없는데, 왜 나만이 허무한 인생살이에 죽음을 생각하게 하고, 돌아가신 어머니 생각을 하고 우울해야만 하는 것일까?

　이 겨울에 나는 우울한 생각들일랑 다 떨쳐버리고, 눈 오는 거리를 어린아이처럼 그저 명랑하게 뛰어 돌아다녀야 할 것만 같다.

1984년 안동수필 제3호

안동에 가고 싶다

　내가 안동수필과 인연을 맺은 것은 1983년 말경이라고 기억된다. 이듬해 안동수필 제3집에 실을 원고를 제출하고 책이 나오기도 전에 서울구치소로 발령받아 갔다. 안동수필 쪽에서 보면 완전히 사이버 인생이 되고 말았다. 그동안 미로를 헤매듯 광주로 춘천으로 서울로 원주로 헤매고 다녔으니 말이다. 어쩌다가 출장이라도 가는 날이면 안동에 들러 최유근 선생님을 뵙고, 기증본을 받아 오는 재미도 있었는데 이제는 그것마저 끊기고 단절된 상태가 되었다. 어쩌다가 내가 이 지경이 되었는지 알다가도 모를 일이다. 수필회보로 또 해마다 간행되는 "안동수필"로 안동을 만져볼 수가 있다. 때때로 방영되는 TV 화면을 통해 안동의 소식을 듣는다. 이제는 안동이 내게 있어 사이버의 세계가 되어버렸다.
　큰 죄를 지은 것도 아닌데, 또 수십억 부도를 내고 도주한 것도 아닌데 왜 안동이 내게서 그렇게 멀어져 버렸을까? 지난해 안동수필 출판기념회 때다. 회원들이 얼굴이라도 보고 싶다며 강제 소환장을 발부했다. 그러나 나는 한사코 거절할 수밖에 없었다. 나 자신이 너무나 초라하게 느껴졌기 때문이다. 1993년 5월 22일, 강원도 춘천 어린이 회관에서 "담 너머 부는 바람" 출판기념회 때 안동수필 회원들이 먼 길 마다치 않고 찾아와 축하해 주었던 그 정을 잊을 수가 없다. 그러나 나는 그 정을 외면하고 안동수필 회원 중에 마지막 미아가 되어 떠돌고 있는 것이다. 이제는 정말 안동에 가고 싶다. 그리운 얼굴들도 만나보고 싶다. 아마도 수필과의 첫사랑을 꼽으라면 안동수필을 꼽아야 한다. 그러나 그것은 하룻밤 풋사랑이 되고 말았다. 안동에 들를 때마다 하룻밤 인생이 되었으니 말이다. 그동안 얼마나 변했을까? 십 년이면 강산이 변한다고 한다. 그러나 요즈음은 하루가 다르게 변하는 세상이 아닌가? 하룻밤의 한 잔 술로 취해서 돌아와야 했던 그곳 안동 땅!

영국의 엘리자베스 여왕이 극찬을 아끼지 않았던 곳, 하회탈의 웃음 속에 한국인의 멋과 사랑이 숨 쉬는 곳, 또 안동댐 수몰로 고향을 잃은 사람들의 회한이 서린 곳이기도 하다. 이제 또다시 내가 안동을 찾는다면 하룻밤 풋사랑으로 끝나지 말아야겠다. 안동의 구석구석을 돌아보고, 하회마을을 들러 덩더꿍 춤사위도 볼 것이고, 문인 마을도 들러 시상을 떠올려 보아야 하겠다. 안동의 옛 정취에 흠뻑 취해보아야 할 것 같다. 안동이여! 그리운 얼굴들이여!

2000년 안동수필 19집

──── 서울구치소 시절

　서대문구 현저동 101번지 서대문구치소라고 불렸던 서울구치소!
　그래서 낡은 관사 생활을 하던 그 시절을 잊을 수가 없다. 1987년 서울구치소가 의왕시 포일동으로 옮겨 새 터전을 마련하고, 새 아파트 관사에 입주하던 추억은 아름다운 추억이라고 해야 한다.
　서울구치소가 의왕시 포일동에 이주했을 때만 해도 관사아파트 앞은 논밭이었다. 그래서 밤이면 반딧불이 날아다니고, 봄이면 소를 몰고 쟁기질하는 모습도 있었다. 그런데 지금은 아파트가 들어서고 변화한 곳이 되고 말았다. 세월이 흐르고 흘러서 이제는 또 다른 곳으로 이전을 해야 한다고 하니 인생무상이요. 흐르는 세월이 너무나 빠르다는 느낌을 받는다.

나는 서대문구치소 시절! 그곳에서 미문화원사건, 건국대 농성 사건 등등 시국사범들이 다수 입소하여 구호 제창과 소란을 일삼는 어려운 상황 속에서 근무하게 되었다.

야근하고 비번을 받아 쉬어야 하는데, 어려운 상황이 계속되면서 때로는 퇴근도 하지 못하고 근무할 때도 많았다. 그 어려운 상황 속에서도 수필문학의 꿈을 버리지 못하고, 계속 정진하여 드디어 청송교도소에서 '고향 그림' 초회 추천 후 3년 만에 '노잣돈'으로 한국수필 추천 완료의 영광을 안게 되었다.

얼마나 눈물 나게 좋은 일인지 모른다. 수필가로 작가로 새 출발 할 수 있었기 때문이다. 경희대학교 국문학과 명예교수님이요. 한국수필가협회 부회장님이셨던 서정범 교수님을 찾아뵙고, 눈물로 감사를 드렸다.

서대문의 서울구치소 시절과 의왕시 포일동의 서울구치소 그 시절이 다시 그립다.

── 노잣돈

　처세하는 데 있어서 아마도 나 같은 숙맥은 세상에 드물 것이라는 생각을 한다. 나를 아는 사람들은 내가 듣는 곳에서는 좋은 말로 '고지식한 사람'이라고 얼버무리겠지만 아마도 내가 없는 곳에서는 ' 자식 앞뒤가 꽉 막힌 놈'이라고 게거품을 뿜고 있을지도 모를 일이다.
　사실상, 내가 조금만 더 처세하는데, 신경을 썼더라도 아마 내 인생이 이렇게 초라하지만은 않았을 것이리라.
　신행으로 처가에 들렀을 때도 아내가 옆에서 귀띔을 해주는 대로 행동을 하여 "여보, 할아버지께 용돈이라도 좀 드려요," 라고 했을 때야, "아차, 내가 깜박 잊었구나," 하고 단돈 오천 원을 호주머니 속에 넣어 드리고 올 때도 있었다.
　처가의 할머니와 할아버지는 팔십이 넘도록 장수하셨다. 그런데 신혼의 단꿈이 채 가시기도 전에 할머니께서 먼저 돌아가셨다.

 아내는 할머니의 정을 못 잊어서 울고, 나는 그분의 인자하셨던 얼굴 모습과 신행 때 내 손을 잡아 주시던 따스한 체온이 마음속에 살아남아 눈시울을 뜨겁게 했다.
 장례식 날, 다섯이나 되는 손녀들의 슬픈 울음소리가 장내를 숙연하게 했다.
 울긋불긋한 만장과 꽃상여, 그리고 흐느끼듯이 흘러나오는 풍경 소리와 함께 심금을 울려주던 만가 소리는 흰옷 입은 행렬을 따라 흘러만 가고…….
 아내는 또다시 나에게 미리 준비한 하얀 봉투 두 개를 쥐여 주었다. 오천 원씩 들어 있었다. 노잣돈이라고 했다. 한꺼번에 다 내어놓지 말고, 청에 못 이기는 척하고 내어놓는 것이라고 했다.
 죽음길에 무슨 노잣돈이 필요하랴마는 사람들은 저승길에도 노잣돈이 필요하다고 생각을 하여 돈을 받고, 마침내는 상여꾼들의 술값이 되는 것이 예사였다.
 아니나 다를까. 새 사위가 노잣돈을 내어놓을 차례라며 나를 꽃상여 위에 올려 태우고 노잣돈을 내라고 했다. 나는 못 내겠다고 버티었다. 새 사위가 고집이 세다고 했다.
 나는 상여꾼들이 한마디씩 내뱉는 치기 어린 농담들이 좋았다. 나는 기어이 상여 위를 내려와서야 하얀 봉투 두 개를 상여꾼들에게 내어놓았는데, 옆에서 보고 있던 맏동서가 나를 보고 웃었다. 그런 돈은 안 내도 된다는 것이었다.

그리고는 처가에서 모임이 있을 때마다 그 일을 들먹거리며 놀려대는 것이었다. 항상 유머가 풍부한 맏동서의 이야기를 듣고는 모두가 한바탕 웃음을 터뜨리곤 했는데, 유독 나만이 얼굴을 붉히며 부끄러워해야 했다.

그로부터 몇 해 후에 이번에는 처가의 할아버지가 돌아가셨다. 호상이라고들 했다. 다섯 딸에 다섯 사위가 다 모였었다.

직장 일에 쫓기던 나는 할아버지의 출상만을 지켜보고 곧장 돌아와야 했다. 돌아오려고 하면서도 자꾸만 걸리는 것이 있었다. 노잣돈이었다.

형님 되는 동서들이 또다시 웃으며 노잣돈이나 내어놓고 가라고 했다. 나는 맏동서에게 못 이기는 척하고 오천 원을 쥐여 주고 돌아왔다.

그런데 불과 몇 달이 지나지 않아 맏동서가 죽었다는 전화를 받은 것이다. 돌아가신 할아버지의 노잣돈을 건네주었던 것이 맏동서와의 마지막이 될 줄이야 그 누가 생각이나 했겠는가?

부음을 듣고 달려가 보니 너무나도 서글픈 죽음이었다. 기관지 천식이 악화되어 변을 당했다고 했다.

사십구 세의 젊은 나이에 이승을 하직하고 떠나가야 하는 맏동서의 모습이 살아생전처럼 눈앞에 아른거리는데, 고인은 관 속에 홀로 누워 말이 없고, 너무나도 갑작스러운 죽음에 오열하는 미망인의 슬픈 울음소리는 듣는 이의 마음을 깊은 곳까지 흐느끼게 했다.

산림계 직원으로 근무하면서 나무를 벗 삼아 살아온 맏동서의 삶이었다.
마당 가에 심어져 손질이 잘 되어 있는 나무들이 봄을 맞아 꽃망울을 터뜨리는데, 주인을 잃고 봄바람에 흔들거리는 사철나무의 속삭임이 고인의 죽음을 애도하는 듯했다.
어느덧 날이 어두워 제비도 돌아온다는 삼월 삼짇날 밤에 보이는 초승달은 서편으로 사라져 가고, 참으로 잠깐 보이다가 없어지는 초승달처럼 맏동서는 가버린 것일까?
마당 가에 타오르는 모닥불과 함께 밤은 점점 깊어만 가는데, 다섯 동서 중에 첫째를 잃은 우리 네 사람은 그 밤을 하얗게 밝히고, 이윽고 아침이 되어 나는 또 하나의 삶을 위하여 출상도 지켜보지 못하고 돌아와야 했다.

노잣돈을 내야겠다고 하는 생각은 벌써 까맣게 잊어버린 체, 이렇게 잊어버리기만 하는 나는 부모와 이웃들에게 진 인생의 빚도 못 갚고 어느 땐가는 이 세상을 떠나야 할 것이 아니겠는가?

── 흰 눈을 맞으며

 아침부터 눈이 내린다. 흰 눈이 펑펑 쏟아져 내리고 있다. 동료 김 씨는 우산을 준비해야 하겠다고 한다. 눈을 피하려면 설산을 준비해야 하는 것이 아닌가?
 나는 우산도 설산도 필요 없이 그냥 온몸으로 눈을 맞으며 서울의 거리를 걷는다.
 생각해 보면 이 얼마나 고귀한 하늘의 축복인가? 소복을 한 어느 여인의 발자취처럼, 밤사이 조용히 찾아왔다가 한낮의 따뜻한 볕에 자취도 없이 사라져버리는 것이 눈의 운명일진대, 야간 근무로 밤을 지새운 나를 위하여 밤새 침묵으로 얼리고 부수어 낸 하늘의 조화와 경이가 이 아침에 한꺼번에 쏟아져 내리는 것이 아니냐?

 나는 내가 가진 모든 체면이라던가, 위신이라던가, 가식의 옷을 벗어던지고 순진한 어린이가 되어 뛰어다니고 싶을 뿐이다.
 조용히 내리는 눈이지만 어쩌면 나를 위해 내리는 듯, 흰 눈은 내 앞으로 마구 달려들며 내려 쌓이고 있다.
 그뿐인가? 흰 눈은 내 눈썹 위에도, 코언저리에도 내려 쌓여서 나는 산타클로스 할아버지처럼 온통 흰 눈을 뒤집어쓰고 바쁜 사람들 틈에 끼어 걸어가고 있다. 마주치는 사람들이 나를 보고 웃는다. 아주머니도 웃고, 아저씨도 웃고, 나를 보는 사람마다 웃음으로 갈채를 보내는 것인지도 모른다.

 나는 이 순간만큼은 가장 자랑스러운 코미디언이다.
 코미디언은 자신의 출연료를 위하여 우스꽝스러운 옷과 모습으로 분장을 하고 더러는 찬물이라도 뒤집어쓰고, 더러는 밀가루라도 범벅을 하여 사람을 웃겨야 하는 것이요. 남들이 박장대소할지라도 자신은 바보스러운 몸짓으로 끝까지 침착을 잃지 않아야 하는, 어쩌면 가장 비극적인 삶을 살아야 하는 것이 코미디언이 아닌가?
 그렇다면 지금의 나는 어떤가? 하늘이 주는 분장으로 자연스러운 몸짓으로 웃음을 자아내고 남들이 웃을 때 나도 마음 놓고 웃을 수 있는, 이 땅에서 가장 순수한 코미디언이 아니겠는가 말이다. 눈이 내린다. 함박웃음을 머금고 흰 눈이 펑펑 쏟아지고 있다.
 빌딩숲을 이룬 서울의 거리에 내리는 눈은 모든 인류의 문명을 자연으로 환원시키려는 듯, 모든 도시의 매연이라든가 먼지와 오염과 모든 추한 것들을 정화시키려는 듯, 때묻은 거리에도, 때묻은 마음에도, 공해에 찌든 가로수 위에도 하얗게 내려 쌓이고 있다.

태초에 눈이 있었다고 하는 하늘의 음성처럼, 그렇게 성스러운 몸짓으로 이 겨울 들어 가장 풍요한 마음을 안고 흰 눈이 쌓이고 있다.

하늘은 더러운 냄새와 사람들이 뱉어내는 지독한 욕설들과 그리고 어느 비행기에서 흘러나온 배설물들과 모든 추한 것들을 저토록 희게 승화시켜 공중의 윤무를 곁들여 홀연히 그렇게 내려보내고 있는 것일까?

하늘에서 내리는 눈은 또 얼마 가지 않아 사람에 의해서 더럽혀지고, 짓밟히고, 시체처럼 뒹굴다가 녹아 없어지고, 증발하여 다시 하늘로 올라가 구름이 되고…….

흰 눈은 어쩌면 먼 훗날의 내 모습이기도 하다.

세속에 물들어 취하고, 비틀거리고, 때로는 양심을 속이기도 하고, 부끄러운 삶을 살아가다가, 어느 땐가는 한 줌의 흙으로 돌아가고 바람에 흩어지는 티끌이 되어 구천으로 떠돌다가, 또다시 흰 눈이 되어 차가운 겨울바람에 휘날려야만 하는 서글픈 운명의 조각들이 아니겠는가 말이다.

나는 동양화를 좋아한다. 내 아버지께서 동양화를 하시기 때문에 더욱 그렇다.

　동양화 중에서도 설경을 바라보고 있노라면 온갖 깊은 생각들이 떠올라서 좋다. 하지만 나는 설경을 그리는 것이 가장 어려운 일이라고 생각을 한다. 하얀 종이 위에 하얀 눈이 덮인 경치를 나타낸다고 하는 것은 그 얼마나 어려운 일이겠는가?

　설경 산수화의 그림 속에는 눈 덮인 산이 있다. 산 아래로는 오솔길이 나 있고, 그 길을 따라서 다래나무로나 만들었음직한 기다란 지팡이를 든 노인이 걸어가고 있는 모습을 보게 된다.

　나는 그것이 틀림없이 먼 훗날의 나 자신이라고 생각을 하며, 환상의 길을 따라 눈 덮인 산봉우리를 향하여 걸어가고 있는 것이다.

　지금 내가 걷고 있는 이 길도, 또 앞으로 내가 걸어가야 할 길도 눈 덮인 봉우리를 향하여 한 걸음씩 다가가고 있는 것이리라.

　쉴 새 없이 흰 눈은 내려 쌓이고 있다. 속절없는 세월도 흘러만 가고 있다.

서울구치소의 새 모습

1993년 여름 서울구치소를 떠난 지 5년 만에 다시 왔다. 감회가 깊다. 1984년 6월 중순경, 경북 청송교도소에서 서대문에 있던 서울구치소로 전보 발령을 받아 이곳과 처음 인연을 맺었다.

첫해 1년은 평온한 가운데 보냈다. 그러나 이후 뜻하지 않게 미문화원 사건, 건국대 점거 농성 사건 등, 제5공화국 시절의 굵직굵직한 사건들이 연달아 터졌다. 그렇게 사회가 혼란한 가운데 구치소 내부에서도 연일 반정부 구호 제창 등 집단 소란 행위가 발생해 재소자들과 직원들 간 몸싸움을 해야 하였다.

나의 교도관 생활 중 가장 어려웠던 때가 바로 그때가 아니었던가 싶다. 당시는 격변의 시대라 어려움을 몸으로 겪어야 했지만, 한편으로는 많은 것을 생각하게 하는 계기가 되었다.

제5공화국 시대가 막을 내리고 제6공화국 초기에 서울구치소가 경기도 의왕시로 이전하고 얼마 되지 않아 나는 광주교도소로 전보됐다. 그 후 춘천교도소를 거쳐 실로 5년 만에 서울구치소에 다시 오게 된 것이다.

10년이면 강산이 변한다고 하는 말은 이제 그 의미를 잃은 지 오래다. 요즈음은 어제가 옛날이다. 세상은 하루가 다르게 변모해 가고 있기 때문이다. 서울구치소도 예외가 아니다. 5년 전과 지금은 변한 것들이 너무나 많다. 우선 시국 사범들의 숫자가 현저하게 줄었을 그뿐만 아니라 불식(不食)이라든가 구호 제창 등 소란 행위가 점차 사라져 가고 있다. 그뿐만 아니라 민원실이 몰라보게 달라졌다. 인간과 인간을 단절하는 철책이 사라지고 한결 친절한 분위기여서 흡사 은행 창구를 연상케 할 정도이다. 한없이 넓게만 느껴지던 접견 대기인 주차장이 모자라 관사로 가는 길목까지 자가용이 물결을 이루고 있다.

이제는 직장 상하 간에도 격의 없이 지내게 되었다. 서울구치소장도 점심 식사 때면 직원 식당에서 일렬로 줄을 섰다가 하위 직원들 틈에 끼여 식사하는 모습을 볼 수 있다. 옛날에 간부와 비간부 사이에 쳐두었던 칸막이도 이제는 없어졌다. 초복, 중복, 말복 날 점심시간에는 직원 식당에서 삼계탕에 인삼차를 한 잔씩 곁들여 식사한다.

과거에는 전혀 볼 수 없었던 파격적인 일이다. 간부 이발소도 운영하지 않고 있다. 문민 시대를 맞이하여 간부와 비간부 사이의 담을 헐어버린 것이다. 계급 사회의 경색된 분위기가 말끔히 해소되고, 이제는 정말 상하가 한데 어울려 화기애애한 분위기 속에서 근무할 수 있게 되었다.

과거 서대문구 현저동 101번지 시대부터 서울구치소는 교정 1번지로서의 역할을 담당해 왔다. 이번에 민원실을 은행 창구처럼 개선하고 접견 창구를 바꾸는 일도 서울구치소를 필두로 전국 교정 시설에 적용되었다. 문민 시대 개혁의 기수로서 서울구치소가 앞장선 것이다.

옛날에는 계급이 높은 사람들이 재소자들의 규율 유지를 위해 순시를 했었다. 그러나 지금은 결코, 그렇지 않다. 재소자들의 불편한 점은 없는가, 재소자의 처우가 제대로 잘되어 가고 있는가를 확인하기 위한 순시다. 재소자가 불이익을 당했다고 생각되면 감독자 순시 때 확연하게 드러나지 않을 수 없다. 그렇다고 결코 무질서한 것을 방관할 수는 없다. 인격적으로 선도하는 입장에서 수시 교육을 통해 바로 잡아가고 있다.

이제 서울구치소는 과거의 서울구치소가 아니다. 문민 시대의 서울구치소로서 손색이 없을 만큼 정비되어 있고, 또 개혁 시대에 발맞추어 하루가 다르게 변모해 가고 있다.

1908년 경술국치 직전에 경성 감옥으로 개청한 이곳은 1백여 년에 가까운 오랜 세월 동안 서대문형무소 서대문구치소, 서울교도소, 서울구치소 등으로 이름이 바뀌어 왔다. 그리고 1987년 서대문구 현저동 101번지 시대를 마감하고 경기도 의왕시 포일동의 새 시대를 열어가고 있다. 대부분의 교정 시설이 낡아 이전하고 나면 옛날 건물은 흔적도 없이 사라지게 마련이다. 그러나 서울구치소는 현저동 101번지의 옛 건물이 독립운동 사적 가치를 지녔기에 서대문 독립기념관으로 우리에게 영원히 살아남을 것이다.

이제 서울구치소는 개혁과 변화 속에서 더욱더 새롭게 태어나야 한다. 우리의 후대에 불명예스러운 이름을 남기지 않기 위해 최선을 다해야 할 것이다. 시대와 아픔을 같이하는 산역사의 현장이 서울구치소이기 때문이다.

─── 서울구치소의 풍경

　서울구치소는 청계산 자락을 타고 내려와 의왕시 포일동에 자리 잡고 있다. 인덕원 사거리에서 청계산 쪽으로 연결된 도로를 자동차들이 쉴 새 없이 밀려드는 것을 빼고 나면 완연한 전원풍경이 펼쳐지는 곳이다. 서울에서도 한참을 달려야 하는 한적한 곳이기는 하지만 사실상 서울 한복판을 옮겨 놓은 것이나 다름없다. 왜냐하면, 세상을 떠들썩하게 했던 굵직굵직한 사건의 주인공들이 이곳에 들어와 있기 때문이다.
　또 사연도 많고 운명으로 돌리기에는 너무나도 기구한 사람들이 하루하루를 살아가고 있다. 서울구치소가 도심을 벗어나 대자연이 숨 쉬는 곳이니 그 얼마나 다행한 일인지 모른다. 이곳 재소자들은 한결같이 공기 좋고 물 좋은 곳에 있어 건강에 좋다고 입을 모은다.

이른 봄이면 재소자를 면회 오는 아낙네들이 아침 일찍부터 이곳을 찾아와서 면회 시간을 기다리며 쑥을 뜯는다. 쑥을 뜯는 여인들은 무슨 생각을 할까. 쑥을 뜯어말려 고이 간직했다가 남편이 돌아오면 상큼한 봄 냄새가 물씬 풍기는 쑥국을 끓여 밥상 위에 올리려는 것일까. 아니면 봄빛이 무르녹은 쑥떡을 빚어 다시는 집을 떠나지 말라는 뜻으로 쑥을 섞은 찰떡으로 남편의 어금니에 물리려는 것인지도 모른다.

쑥이 자라 쇠어 버릴 때가 되면 칡덩굴이 길섶을 덮는다. 아낙네는 고운 손길로 칡덩굴에 매달린 남보랏빛 꽃을 따서 고이 간직한다. 연유를 물으니 칡꽃으로 차를 끓이면 향기로워서 좋단다. 또 칡꽃으로 술을 담그면 남보랏빛 색깔과 칡꽃 특유의 향기가 그대로 우러나와 맛과 빛깔을 함께 음미할 수 있다고 한다.

무엇보다도 여인들의 애틋한 그 마음씨가 가슴 뭉클하게 감동을 준다. 기다리고 기다려도 오지 않는 그 사람을 애타게 그리며 잊지 않고 찾아와 주는 그 사랑이 참으로 눈물겹다.

구치소에 수용된 재소자를 자랑스럽게 생각할 사람은 한 사람도 없다. 더러는 열심히 살아가다가 본의 아니게 실수로 들어오는 사람도 있지만, 구치소와 교도소를 제집 드나들 듯하며 추호의 뉘우침도 없는 파렴치범들을 그 누가 따뜻한 눈길로 바라볼 것인가.

서울구치소에는 단돈 십만 원 벌금을 내지 못해 들어온 노역수에서 무기수, 사형수까지 있고 죄질도 가지가지다. 특히 문민 시대 개혁의 돌풍 속에서 '무전유죄 유전무죄'는 옛말이 되고 말았다. 돈 많은 재벌은 물론이요, 세인의 부러움을 독차지하던 권좌의 자리에서 하루아침에 가장 낮은 재소자의 자리로 내려앉은 사람들도 있다. 앞으로는 공직을 이용해 돈벌이했던 사람들도 모두 다 사정 대상이 되고 그들을 법으로 처벌하겠다고 한다. '유전유죄 무전무죄'의 세상이 올 것도 같다.

물질문명이 발달하면서 생활이 점점 더 윤택해지고 살 만한 세상이 되어 가는데 왜 범죄는 자꾸만 꼬리에 꼬리를 물고 일어나는 것일까. 도둑놈이라 불리는 절도범은 감소해 가는 추세에 있지만, 강도, 강간, 살인 등 끔찍한 강력 범죄는 오히려 번창 일로에 있다. 그 수법도 점점 대담해져 가고 스스로 인간이기를 거부하는 잔인한 범죄를 일으키고 있으니 교정 교화의 현장에 있는 우리들의 마음은 아프기만 하다.

그러나 서울구치소는 희망이 있는 곳이다. 제아무리 사형이 확정된 사형수들도 살아있는 그 순간만은 희망을 버리지 않는다. 실제로 사형수가 무기로 감형되어 생명의 빛을 볼 수도 있기 때문이다.

미결수들은 1심에서 형을 받더라도 항소심에서 출소할 수 있을 것이라는 실낱같은 희망을 버리지 않는다. 재소자뿐만 아니라 그들의 가족들도 그들이 출소할 수 있기를 애타게 기다리며 산다. 특히 사랑하는 남편을 찾아와 주는 아내들의 그 마음을 나는 높이 평가하고 싶다. 아침에 가장 먼저 찾아와 주는 사람들이 그녀들이기 때문이다. 찾아와 얼굴을 보고 또 출소할 날을 손꼽아 기다리는 마음, 어쩌다가 집행 유예라도 받고 출소하는 날이면 법정에서부터 따라와 출소자를 기다리며 외정문의 민원 대기실에 모여 있는 사람들, 출소하자마자 두부를 사서 먹이는 모습도 정겨운 모습 중의 하나다.

그렇게 출소하는 사람들이야 오죽 좋으랴마는, 재소자의 얼굴만 보고 쓸쓸히 돌아서야 하는 여인들! 쑥은, 쇠어 버리고 남보랏빛 칡꽃도 떨어져 버린 어느 날 이른 아침, 그녀들은 또 달맞이꽃 씨를 받는다. 꽃씨를 받아 무엇을 할 것인가 나는 차마 물어볼 수가 없었다. 작년 칠월 초하루 서울구치소에 전입되어왔을 때 나를 반겨주던 달맞이꽃, 달 밝은 밤이면 나는 지금도 달맞이꽃 생각을 한다.

가을이 깊어지고 있다. 봄여름 내내 울어대던 개구리와 매미의 울음소리가 처량한 귀뚜라미 풀벌레 울음소리로 바뀌고, 그마저 잠재울 겨울의 발소리가 들리는 듯하다. 쇠어 버린 쑥대에 쑥꽃이 피고 시들어버린 겨울, 뜨거운 입김으로 겨울을 녹이며 찾아왔던 여인들의 모습이 지금도 눈에 선하게 떠오른다. 그들은 또다시 쑥이 돋는 새봄을 기다리겠지.

─── 서울구치소의 달빛

 서울구치소에 발령받은 지 벌써 일 년이 지났다. 서울구치소는 마치 산장의 여인이 다소곳이 숨죽이고 앉아 있는 듯하다. 청계산 아래 한여름에 울어 대던 매미와 까치들, 그리고 달 밝은 밤이면 달빛을 타고 흐르는 개구리의 울음소리, 그 어느 것 하나 사람의 마음을 송두리째 흔들어 놓지 않은 것이 없다.
 서울구치소는 개혁의 현장이요 역사의 현주소라고 해도 과언이 아니다. 먼 훗날 또 이곳이 서대문 독립공원처럼 역사의 유적이 되어 남아있게 될지 그 누가 알겠는가?
 작년 이맘때 관사 배정을 받고 거실에 홀로 누워 바라보던 달빛을 잊을 수가 없다. 옆에서 쉴 새 없이 참새처럼 이야기할 아내도 없고 어린 것들도 없다. 혼자 누워 뒤척이는데 달빛을 타고 흐르는 밤 소쩍새의 울음소리가 짜릿짜릿하게 폐부를 자극해 괜스레 서글퍼지기도 했다.

항상 발령을 받고 이사하기 전에 느껴야 하는 고독감이기도 하다. 겨울이면 앙상한 철망만을 드러내던 관사 앞의 철조망 울타리도 온통 푸른 칡덩굴이 얽혀 마치 어머니의 젖가슴처럼 포근함을 느끼게 했다. 달빛은 그곳에도 내리비춰 적막감을 더 해주었다. 관사는 구치소 뒤 산기슭 가까이에 있어 마치 별장을 연상케 할 정도다.

관사 앞을 흐르는 오염되지 않은 생수는 서울 사람들에게까지 소문이나 생수 터를 찾는 발길이 줄을 잇는다. 인적이 끊긴 늦은 밤 온몸으로 달빛을 받으며 생수 터에 다다르면 마치 내가 오기를 기다리고 있었다는 듯이 일제히 울어대는 개구리와 맹꽁이들의 울음소리 그리고 반짝거리는 반딧불들의 춤사위가 나를 미치게 만든다.

생수 터를 찾아오는 사람들을 보는 것도 즐거운 일 중의 하나다. 고급 승용차를 타고 오는 사람이 있는가 하면 티코 같은 소형차를 타고 오는 사람도 있다. 영업하는 사람들은 아예 봉고차나 트럭을 타고 온다. 자가용이 없는 사람은 자전거나 휴대용 손수레를 이용하기도 한다.

그중에 가장 깊은 인상을 준 사람이 있다. 그 사람은 자가용도 손수레도 없이 커다란 물통 두 개를 양손에 나누어 들고 걸어가는데 비쩍 마른 두 다리가 그것을 지탱하기 힘들었던지 이리 비틀 저리 비틀 꼭 옛날 술 마실 때의 내 모습을 보는 것 같아 뒷모습이 사라질 때까지 지켜보지 않을 수 없었다. 그 사람을 보고 있으면 어쩌면 그렇게 내 인생살이와 똑같다는 생각을 하게 되는 것일까? 나도 그렇게 비쩍 마른 몸뚱이를 밑천 삼아 아등바등 비틀거리며 살아가고 있는 것이 아닌가 말이다

문민정부의 개혁 바람으로 하룻밤에 군 장성 네 사람이 한꺼번에 들어온 일도 있어 한때는 '별들의 고향'이라고 불렸던 서울구치소! 영생교 교주가 구속되고 이어 종교 연구가 탁명환 씨 살인사건이 발생하고, 큰 손 장영자 씨가 또다시 구속되어 세상을 떠들썩하게 하지 않았던가?

제아무리 온 세상이 들썩거려도 서울구치소의 달빛 아래 조용히 역사의 한 페이지를 장식할 뿐이다. 나는 또 비쩍 마른 내 몸뚱이가 생을 마감할 때까지 숨죽이며 지켜보고 있으리라. 역사의 현장인 서울구치소를.

5부   서울구치소의 바람

서울구치소의 바람

 지금의 독립기념관이 된 현저동 101번지에 있던 서울구치소는 1908년 10월 21일 경성감옥으로 문을 열었다. 앞에는 인왕산, 뒤에는 금화산을 등지고 무악재 너머 부는 바람과 더불어 80여 년 동안 서대문감옥, 서대문형무소, 서울형무소, 서울교도소 등의 이름을 거치며 오늘의 서울구치소가 되었다.
 개청 후 불어닥친 일본 바람은 수많은 애국지사를 형장의 이슬로 사라지게 했을 뿐만 아니라 옥고를 치르며 항일운동을 하게 했다. 광복 50주년을 보내는 우리들의 마음은 그래서 더욱더 감회가 깊다. 해방의 감격도 잠깐, 또다시 6·25의 돌풍은 독립공원이 된 서울구치소의 구건물에 총탄의 흔적을 고스란히 남겨 두고 갔다.
 자유당 시절의 부정부패 바람, 4·19, 5·16의 일대 변환기의 바람, 그리고 10·26 대통령 시해 사건으로 우여곡절을 겪기도 했다. 5·18 광주민주화운동 이후 들어선 제5공화국 바람은 수많은 시국사범을 만들어내어 어려움을 겪어야 했다. 1987년 늦가을 현저동 101번지 시대를 마감하고 지금의 경기도 의왕시 포일동으로 옮겨 새로운 기분으로 업무를 시작할 수 있어서 좋았다. 이어 제6공화국으로 접어들며 범죄와의 전쟁 바람에 굵직굵직한 조직폭력배들이 일망타진되며 구치소는 한때 초만원을 이루기도 했다.

문민정부의 개혁 바람은 우리 구치소에도 유사 이래 보기 드문 일화를 수없이 남겼다. 가장 높은 곳에 있던 사람들이 하루 아침에 가장 낮은 재소자의 신분으로 수감 생활을 해야 했다. 떵떵거리며 살던 사람들이 외투를 뒤집어쓰고 카메라 플래시를 애써 피하며 수감되는 모습은 두고두고 잊을 수 없는 일이었다.

군대에서 장성을 지냈던 사람들이 대거 구속되는 바람에 '별들의 고향'이라 불렸던 서울구치소! 재벌 그룹 회장들이 연이어 수감되는 바람에 회장 구치소가 되기도 했다. 그뿐인가? 10여 년 전에 세상을 떠들썩하게 했던 장 여인 사건이 재발 되어 장풍을 일으키며 세상을 놀라게 했다. 슬롯머신 업자로부터 뇌물을 수수했다는 혐의로 전·현직 고위관리들이 줄을 잇고 들어와 법의 심판을 받았다.

지존파를 비롯해서 끔찍한 흉악범죄를 저질렀던 사람들, 잇

따른 지성인들의 존속살인은 땅에 떨어진 윤리의식을 보여 주었다. 유명 인사들의 수감 생활 태도도 천태만상이어서 주요 일간지나 종합잡지의 특종기사가 되어 세인들의 관심을 모았다. 성수대교 붕괴사건에 관련된 공무원들이 무더기로 구속되어 공직사회에 파문을 일으켰다. 수십 년 만에 부활한 지방자치 선거 바람에 부정선거 관련으로 많은 사람이 속속 구치소에 수감되어 재판을 받는다.

어떻든 1995년은 유난히 바람 때문에 어려움을 겪어야 했다. 태풍 '페이'가 몰고 온 바람의 흔적으로 바다가 오염이 되었고 또 제니스가 몰고 온 비바람으로 수많은 인명피해와 재산피해가 났다.

때로는 거세게 때로는 살랑살랑 미풍으로 담 너머에서 불어오는 서울구치소의 바람. 밖에서 불어오는 개혁 바람은 서울구치소라고 예외일 수가 없다. 밖에서 수억을 헤아리는 금품 관련 사건이 터질 때 담 안에서는 기십 만 원의 금품수수사건으로 자신의 평생직장인 서울구치소를 떠나는 사람들이 있었다.

천여 명에 해당하는 사람 중에 극히 일부인 몇 사람 때문에 서울구치소는 부패의 온상이라는 누명을 써야 했다. 그러나 이제 우리 서울구치소는 그 누구에게 내어놓아도 한 점 부끄러움 없는 얼굴로 다시 태어나 새 시대의 터전으로 자리 잡고 있다.

직원들뿐만 아니라 재소자들의 처우에도 상당한 변화가 왔다. 미결수들의 복장이 개선되었다. 그동안 미결수만 한복을 자변으로 구입해서 입도록 허가해 왔었으나 외출복을 입도록 하고 한복을 폐지했다. 빡빡 깎던 수형자들의 머리도 스포츠형으로 바뀌었다. 특별히 허가를 받아야 집필을 할 수 있었는데 이제는 집필도 자유화되었다. 재소자들의 인권이 보장되는 세상이다.

모두 다 문민정부의 개혁 바람 덕분이다. 어디서 왔다가 어디로 가는지 알 수 없는 담 너머 부는 바람. 1995년 여름은 유난히도 더웠다. 대구 지방이 39.2도까지 올라가 몇십 년 만에 최고 기록을 경신하기도 했다. 우리 구치소의 거실에 수감된 재소자들에게는 견딜 수 없는 괴로움이기도 하다. 한 줄기 시원한 바람이 그리워 부채를 부치기도 했다. 이제 그 무덥던 여름도 가고 가을로 접어들었다. 아침저녁으로 시원한 바람이 불어온다.

이곳 서울구치소의 하늘은 한없이 맑고 푸르다. 그 푸른 하늘을 닮은 청계산 맑은 바람. 하얀 와이셔츠 깃을 푸르게 물들일 것만 같다. 그러나 그 시원한 바람 다음에 찾아오는 살점을 도려낼 듯 불어오는 겨울의 찬바람을 염려해야 하는 곳이 바로 이곳이다. 끝없이 바람을 기다리며 사는 마을. 그러나 또 바람을 두려워해야 하는 곳. 어떻든 올해는 소용돌이 개혁 바람에 삼풍, 태풍 다 맛보았으니 시월 단풍은 더욱더 붉게 타오를 것이 아니겠는가.

한국수필작가회

 마치 기다리기라도 했다는 듯이 우리 한국수필작가회는 내가 수필 문단에 등단하자마자 태어났다. 그래서 나는 우리 한국수필작가회와 인연을 끊으래야 끊을 수가 없다.
 1986년 봄호에 "노잣돈"이 추천 완료되어 수필 문단에 등단하고 나서 한국수필 추천 완료된 사람들이 8인 수필집 "뿌리를 내리는 사람들"을 발간했다. 그것이 도화선이 되어 한국수필추천작가회를 결성하게 되었다. 그래서 나는 한국수필작가회 발기인이 되어 한국수필작가회의 창립회원이요. 한국수필작가회 모임도 빠짐없이 참석하게 되었다. 그리고 그것이 얼마나 마음 훈훈한지 한국수필작가회의 분위기에 빠져들지 않을 수가 없었다. 처음에는 한국수필추천작가회로 창립을 했는데, 나중에 한국수필작가회로 명칭이 바뀌었다. 세월이 많이도 흘러갔다. 올해로 38주년을 맞이하게 되었다.

내가 언제까지 우리 한국수필작가회와 함께할지 아무도 모른다. 초대 회장님이셨던 주영준 회장님께서 별세하셨고, 회장님을 역임하셨던 문형동 회장님도 하늘나라로 가셨다. 경남 통영! 고향을 지키며 통영시장을 지내시고 우리 한국수필작가회 회장을 역임하셨던 고동주 회장님께서도 하늘나라로 가셨다. 이어서 김희선 회장님께서도 하늘나라로 가셨다.

광주에서 교육감을 역임하시던 장정식 한국수필작가회 회장님께서도 하늘나라로 가셨다. 또 함께 한국수필작가회를 창립했던 임창순 선생님도 하늘나라로 가셨으니, 차츰차츰 내가 떠날 날도 가까워져 오는 것이 아닌가?

그러나 나는 미련도 한도 없다. 왜냐하면, 우리 한국수필작가회의 창립회원이요. 초대 감사, 초대 이사를 역임하고 10대 부회장에 이어서 11대 회장까지 역임하였으니 더 이상 바랄 것이 그 무엇이란 말인가?

한국수필작가회의 후광에 힘입어서 한국수필문학상까지 수상하지 않았는가? 내가 춘천교도소 출정 과장을 맡고 있을 때 한국수필작가회 회장을 맡고 있었기에 문학기행에 춘천교도소를 우리 한국수필작가회 회원들이 참관할 수 있었다.

내 직장을 우리 한국수필작가회 회원님들께 아낌없이 자랑할 수 있어서 그 얼마나 마음 흐뭇한지 자부심까지 느끼지 않았던가? 이제 남은 내 인생도 한국수필작가회와 함께할 것이다. 우리 한국수필작가회의 무궁한 발전을 기원해 본다.

광주교도소 시절

　광주교도소는 고향교도소라고 해도 과언이 아니다. 내 고향이 전남 해남이기 때문이다.
　광주교도소 근무 시에는 산악회에 가입해서 남해 금산, 지리산 천왕봉 등 등산을 취미로 삼고 산행을 열심히 했던 기억이 새롭다. 그리고 고향의 정이 흐르던 그곳이 아니던가?
　광주교도소 신축할 때 밥집을 하던 곳을 수리해서 관사로 입주했다. 단독주택 같던 관사 생활이다. 고양이도 기르고 개도 기르고 춘란에 심취해서 춘란을 많이도 가꾸며 살았다.
　그런데 태풍이 불면서 물난리가 났다. 마당에 세숫대야며 개밥그릇까지 물이 차오르며 다 떠내려갔다. 이제 곧 방까지 물이 넘치려고 하는 순간! 옆에 둑이 무너지며 물이 다른 곳으로 흘러서 간신히 큰 수해를 면할 수가 있었다. 참으로 아찔한 순간을 경험했다.

얼마나 다행한 일인지 모른다. 아내도 나도 발을 동동 구르며 힘들어했던 수해현장을 경험했다. 1988년 올림픽이 열리던 그 시절 광주교도소의 1년 근무는 그래서 더 오래오래 기억이 남는다. 광주교도소에서 승진의 영광을 안고, 춘천교도소에 발령을 받게 되었다.

춘천은 관사아파트가 있어서 아파트 생활을 해야 했기에 기르던 고양이와 개를 다 다른 사람들에게 나누어 주고 떠나야 했다. 아들과 딸이 고양이와 개를 두고 간다고 얼마나 눈물을 흘리는지 나도 울고 아내도 울었다. 아내에게 내가 말했다. 우리 다시는 개, 고양이 기르지 말자고 왜냐하면, 정들자 헤어지는 아픔을 겪지 않기 위해서였다.

이제는 광주교도소도 31사단이 가까운 오치동으로 옮겨서 새 터전을 마련했다고 하니 세월이 많이도 흘러갔다. 다시 그리운 광주교도소 그 시절이다.

통째로 먹으려다가

　수필 모임이 있다는 연락을 받으면 왜 그렇게 가슴이 두근거리고 사춘기 소년처럼 흥분을 감출 수가 없는 것일까? 그것은 내가 그만큼 우리 수필 모임을 좋아하고 나에게 있어서 최대의 관심사 중의 하나이기 때문이다.

　내가 하루 근무하고 하루 쉬는 격일제 근무를 하고 있을 때다. 우선 모임이 있다는 연락을 받으면 달력을 보고 내가 쉬는 날에 해당하는지, 근무 날에 해당하는지 재빨리 판가름하여 참석 여부를 알려주어야 한다. 다행히 쉬는 날에 수필 모임이 있어 참석할 수 있으면 그렇게 기분이 좋을 수가 없다. 또 근무 날이 되어 참석하지 못하면 그날은 종일 일이 손에 잡히지 않고 내 마음은 온통 수필 모임에 가 있는 것이었다. 특히 일 년에 한두 번 있는 지방 모임이 나는 그렇게 좋을 수가 없다.

그러나 공직에 얽매이다 보니 나는 항상 모임의 끝부분에 가서 얼굴만 들이미는 꼴이 되고 말았다. 그때마다 느끼는 감정은 내가 참석하지 못한 부분은 그 얼마나 재미있었을까 하는 궁금증이었다. 아 나도 언제나 그렇게 재미있는 부분까지 참석할 수가 있을까. 군침을 삼키며 그날이 오기를 손꼽아 기다렸다. 그런데 그렇게 기다리고 기다리던, 그날이 드디어 나에게도 찾아왔다. 1989년 초여름 경기도 양수리에 있는 우리 회원의 사슴목장인 "산귀래목장'에서의 모임이 바로 그것이다.

목가적인 풍경이 물씬 풍기는 안내문부터 벌써 내 마음을 사로잡기에 충분했다. 모임이 있던 그날은 토요일이었다. 전남 광주교도소에 근무하며 잠시 격일제 근무에서 벗어나 있어 절호의 기회가 나에게 주어진 것이다. 어쨌든 그날은 아침부터 정신없이 서둘지 않으면 안 되었다. 마치 주부회원들이 모든 가정 일을 미리 챙겨두고 우리 모임에 참석하는 것처럼 나도 그랬다. 밀리지 않도록 모든 결재서류를 정리하고 며칠 전에 예매해 두었던 호남선 특급열차에 몸을 실었다.

안내문에 그려진 약도대로 서울역에서 청량리까지 지하철을 타고 청량리역에서 양수리행 시외버스에 올라탔다. 토요일 오후여서 그런지 발 디딜 틈도 없이 만원이다. 비포장도로를 털털거리며 한 시간 남짓 달려 양수리에 도착했다. 다시 산길을 걸어 올라가야 했는데 초여름을 알리는 아카시아 향기와

밤꽃 향기가 뒤섞여 짙게 풍겨왔다.

　해는 저물어 노을 진 산골짜기에서 수많은 벌레의 울음소리가 더욱더 극성스럽게 들려오고 벌써 내 마음은 흥분의 도가니로 빠져들어 가고 있었다.

　몸은 지칠 대로 지쳐 있었지만, 마음은 그렇지 않았다. 사슴목장에 도착하여 사슴들이 뛰노는 모습을 보니 조금은 다른 세계에 온 것만 같다. 헤어져 있던 회원들과 다시 만나 기쁨의 악수를 하고 드디어 내가 그토록 궁금해하던 모처럼의 전야제가 시작되었다. 저녁을 먹고 나서 모닥불 축제며 이어지는 모든 순서가 그렇게 좋을 수가 없다. 내 마음을 몽땅 빼앗기고 말았다. 그때 생각은 꼭 그랬다. 내가 만약 시인이었다면 몇 줄의 시구를 남기고 죽어도 여한이 없겠다고…….

　밤이 깊어갈수록 짙어가는 밤꽃 향기가 그랬고, 밝은 달밤 내내 울어대는 풀벌레들의 울음소리가 그랬다. 나는 결국 밤을 지새워야겠다고 마음먹었다. 먹음직도 하고 보암직도 할 그뿐만 아니라, 얼마나 기다리고 기다리던 밤이었던가?

　나는 그때 달이 동쪽에서 뜨는 것은 보았지만 서쪽으로 지는 것은 보지 못했다. 아마 동쪽에서 떠서 다시 동쪽으로 지는 것을 보았을 것이다. 행사가 끝나고 모두 다 잠자리에 들었을 때도 나는 홀로 앉아 밤의 열기 속에 도취하여 있었다.

아! 나는 결코 그 밤을 놓쳐서는 안 될 것 같았다. 그 밤을 통째로 삼켜야 한다고 생각했다. 달빛에 비친 양주의 붉은빛이 흡사 포도주의 빛깔처럼 나를 유혹했다. 혼자서 콧노래도 흥얼거렸다. 그리고 나는 가물가물한 기억의 저편으로 사라지고 말았다.

얼마 후 나는 새로 태어나는 아기가 고고지성(孤孤之聲)을 발하듯 단말마적인 울음소리를 토하며 깨어났는데, 수 시간을 의식불명의 가사상태에 있었다고 한다. 우리 회원들이 아니었더라면 나는 벌써 불귀의 객이 되고 말았을 것이다. 나는 영원히 그날을 잊지 못한다.

통째로 먹으려다가 통째로 먹힐 뻔한 일이었다. 회원들의 은혜를 무엇으로 갚아야 할지, 모임이 있을 때마다 그 일을 들먹거려도 나는 꿀 먹은 벙어리가 될 수밖에 없다. 혈압이 비교적 높은 남자들이 때때로 새파랗게 젊은 여인과 정사를 벌이다 복상사하는 일이 있다고 한다. 나는 저혈압인데 왜 죽음 저편까지 끌려갔다가 되돌아온 것인지 알다가도 모를 일이다. 이제 덤으로 사는 인생이 되었으니 죽음을 각오하고 살아가는 수밖에.

─── 호반의 도시 춘천교도소 시절

　광주교도소에서 근무하다가 춘천교도소에 승진 발령을 받게 되었다. 그동안 야간 근무가 갑 을부 2부제 근무였는데, 123부 3부제 근무로 바뀌어 초대 3부제 당직 교감이 되었다. 1일 야근을 하고 비번을 받아 집에서 쉬고, 3일째는 일근을 하는 제도이다.
　격일제 근무를 하다가 3부제가 되어 얼마나 좋은지 모른다. 그런데 지금은 또 4부제로 운영되고 있다고 하니 세월이 많이도 흘러갔다고 해야 한다.
　취미 생활로 수석을 수집하는데 춘천교도소에 봉의수석회가 창립이 되어 창립회원으로서 나는 춘천교도소 봉의수석회의 고문을 맡고 취미활동을 했다. 수석 전시회도 열고 월간 수석에 글을 발표하기도 했다.

춘천교도소에 근무하면서 내가 가장 보람 있었던 일을 꼽으라면 교정기독신우회를 창립한 것이라고 해야 한다. 춘천교도소 교정기독신우회! 기독교인으로 구성되어 함께 예배도 드리고 친목을 도모하며 신앙생활에 전념할 수 있어서 얼마나 좋은지 내가 이 세상을 떠나 하늘나라에 가서도 하나님께 자랑하고 싶어진다. 그래서 춘천을 떠나올 때는 봉의수석회에서 감사패를 그리고 교정기독신우회에서 기념패를 받았다.

1993년 5월 첫 수필집 "담 너머 부는 바람"을 출간하고, 춘천어린이 회관에서 나를 수필 문단에 등단할 수 있게 하셨던 서정범 교수님을 모시고 출판기념식을 거행하던 일은 지금도 잊을 수가 없다. 그래서 돌아가신 서정범 교수님이 다시 그립다.

호반의 도시 춘천은 겨울에 소양강댐과 의암호의 물안개가 일품이다. 그뿐인가 아침 햇살에 반짝이는 눈꽃은 그 얼마나 아름답게 느껴지던가?

이제 춘천을 떠나와 멀리 그리며 살고 있지만, 춘천교도소 그 시절은 영원히 추억으로 살아남아 있으리라. 다시 그리운 춘천교도소 시절이여!

대룡산의 안개

 춘천은 '호반의 도시'라고 하지만 '안개의 도시'라고 해야 한다. 거의 아침마다 안개를 볼 수가 있다. 특히 이곳 춘천교도소 주변에 짙은 안개가 드리울 때면 교도소 내의 모든 재소자는 출입이 통제된다.
 구외 작업장에 나가야 하는 사람들도 구내에서 안개가 걷히기를 기다려야만 한다. 내가 광주교도소에 근무할 때다. 광주는 어쩌다가 한 번 짙은 안개를 볼 수가 있기 때문에, 갑자기 안개가 끼는 날은 안개 배치라 하여 경비교도대원을 주벽 주위에 투입하여 비상 배치하던 생각이 난다.

 인생을 가리켜 일장춘몽이라고도 하고, 성서에는 잠깐 있다가 없어지는 안개와 같다고 했다. 한 치 앞을 분간할 수 없을 정도로 짙은 안개처럼 분주한 움직임 속에서 아옹다옹 살아가는 것이 인생이요, 또 어느 땐가는 안개처럼 사라져 가야 하는 것이 아니겠는가?

흔히들 장마가 져서 비라도 계속 내리는 날이면 사람들은 구질구질한 비가 내린다고 하며 불평을 늘어놓기가 일쑤다. 그러나 안개가 끼는 날은 다소 불편을 느끼면서도 그렇게 불만을 터트리지는 않는다. "두어라, 해 퍼진 후면 안개 아니 걷히랴!" 하는 옛시조처럼 안개가 걷히고 나면 더욱더 밝은 햇살을 볼 수가 있기 때문이다. 안개가 서서히 걷히고 지면에서 떠오르면, 마침내 우리 춘천교도소 앞의 대룡산 허리에 한 자락을 휘감아 동양화 한 폭을 연출하고 사라져 간다.

나는 춘천교도소에 발령을 받고 나서 처음 한 달 동안은 정말 정신없이 안개 속에 헤매듯이 살아가지 않으면 안 되었다. 그것은 이곳에 짐을 부리고 자리를 잡기 위한 몸부림이었는지도 모른다.

그렇게 분주하게 살아가던 어느 날, 춘천교도소 바로 건너편에 바라보이는 커다란 건물들이 무엇이냐고 나에게 묻는 사람이 있었다. 나는 그것이 공장처럼 보였기 때문에 공장이라고 얼버무리고 말았다. 그런데 알고 보니 그 건물이 우리와 같은 교정 교화 업무를 수행하고 있는 소년원이라고 하지 않는가?

나는 뒤통수를 한 대 얻어맞은 듯했다. 비로소 나는 눈을 들어, 내 주위를 둘러보지 않을 수 없었다. 사람은 첫째로 지리에

밝아야 하고, 둘째로 사람의 얼굴과 이름을 잘 기억하는 것이 처세의 비결이라고 한다. 하지만 나는 천성적으로 지리에 어둡고, 사람을 기억하는데, 애를 먹는다.

그것은 지리와 사람들에게 무관심하다는 이야기도 되는데 참으로 부끄러운 일이다. 알고 보니 우리 춘천교도소가 위치한 이곳 학곡리 주위에는 각종 소외된 사람들의 집단이 유달리 많다. 내가 몸담은 교도소를 비롯해서 바로 건너편에는 법무부 소년원이 있고, 미혼모 대기실 즉, 영아원도 있다.

운명이 기구한 사람은 미혼모 대기실인 영아원에서 태어나 소년원을 전전하다가 교도소 생활을 하게 되고, 결국은 춘천댐 가는 길목에 있는 시립 갱생보호소를 가게 되는 "학곡리 인생"이 된다고 한다.

나는 오늘도 그렇게 소외된 사람들의 틈에 끼어들어 생활하면서 "학곡리 인생"과 같은 불우한 사람들이 나오지 않도록 열심히 살아가고 있다. 오늘 아침에도 학곡리 마을에 짙은 안개가 드리웠다.

마음이 괴로운 사람, 불우한 사람, 소외된 사람들의 마음을, 비누 거품 같은 안개로 씻어 정화시키고 이 세상의 모든 근심 걱정들일랑 대룡산 허리에 걸친 안개와 함께 사라지기를 나는 간절히 바랄 뿐이다.

돼지를 닮은 호피석

 금년 4월 중순경, 춘천교도소 봉의수석회 창립 기념으로 가평 강가에서 창립총회를 겸한 석신제를 지냈다. 회원 18명이 참석한 가운데 정성스럽게 마련된 돼지머리를 놓고 금년 내내 석복을 기원하며 머리가 땅에 닿도록 큰절을 올렸다. 기독교인인 나는 돼지머리를 놓고 고사를 지낸다는 것을 하나의 민속으로 받아들여, 큰절은 하지 않았지만, 식에 참석하여 나의 하나님께 기도했다. 아름다운 대자연을 우리에게 허락하시고, 자연과 더불어 심호흡하며 건강하게 살게 하시니 얼마나 감사한 일인가?

 그저 봄 냄새 물씬 풍기는 가평 강가의 절경에 흠씬 취하여 감격스러울 뿐이었다. 석신제를 지내고 나서 우리는 뿔뿔이 흩어져 탐석 활동을 했다. 가평 강가에서는 토중석이나 문양석을 기대해 보기도 하지만 주종을 이루는 돌이 호피석이다.

약 한 시간쯤 돌아다녔을 때다. 여기저기서 "호피석이다!" 하고 외치는 소리가 나서 부리나케 달려가 보면 호피석은 호피석인데 별로 좋은 것이 없었다. 사실 나는 남보다 더 열심히 돌아다녔는데도 그나마 눈에 띄는 것이 없다. 탐석이 마무리될 즈음 우리는 회원들이 탐석한 돌을 모아 놓고 품평회를 하여 그중에 나은 것을 장원석이라고 하며, 담소를 나누고 있었다.

나는 아예, 한 점도 주운 것이 없이 허탈감에 빠져있었다. 탐석을 시작할 때는 오늘의 장원 석을 내가 차지하겠노라고 잔뜩 기대했었는데 말이다. 그래도 한 가닥 아쉬움이 남아 회원들이 모인 주위를 천천히 돌아보고 있었는데, 바로 그곳에서 또 하나의 호피석이 발견된 것이다. 수석에서 흔히 쓰이는 은어로 색깔이 좋다는 것을 그냥 깔이 좋다고 하며, 돌에 골패인 것을 "자구래"가 먹었다고 한다.

그 돌은 문자 그대로 오석처럼 검은 바탕에 황 호피가 섞여 깔이 좋을 뿐만 아니라 군데군데 자구래가 먹은 곡선미를 두루 갖춘, 내가 보기에도 고상한 감상을 불러일으키는 돌이다. 우리 회원들은 물론 수많은 사람 눈에 수없이 거쳐 간 그 자리에서 주운 돌이기에 나 자신도 모르게 "장원이다!" 하고 큰소리로 외쳤다.

회원들 모두가 고개를 끄덕이며 크기도 적당하고 바닥이 좋아 수반에 놓아도 좋고 좌대 위에 앉혀도 어울리겠다며, 장원주를 톡톡히 사야 한다고 모두가 축하해 주어 그날은 참으로 흐뭇했다.

 내가 수석을 처음 취미로 시작한 것은 1980년 초 경북 청송에 살고 있을 때 청송 꽃돌이 좋아서 시작했다. 꽃돌은 자연석으로 마모가 되어 꽃무늬가 나타나는 돌도 있지만, 대부분 원석을 채취하여 갈고 문질러 광을 내어 꽃무늬를 나타내는 돌이다. 그 돌은 인공이 가미되어 금방 싫증을 느끼게 했다. 그래서 자연석인 오석이나 청석을 찾게 되었고, 물형을 닮은 것으로부터 시작하여 산수경석 등 수석의 경지를 넓혀갔다.

 호피석은 지난해 말경, 내가 이곳 춘천에 부임해 와서 처음 대하는 돌이다. 그렇지 않아도 돌을 좋아하는 사람이 호피석의 그 우아한 무늬와 은은한 색깔에 반해, 쉬는 날이면 비가 오나 눈이 오나 거의 날마다 탐석을 하지 않고서는 견딜 수가 없는 수석광이 되어 버렸다.

 내가 꽃돌을 보고 수석을 시작했듯 이곳에서는 수석을 시작할 때 호피석부터 배운다고 한다. 수석의 기초 단계가 호피석이다. 그래서 그런지 호피석을 아직도 수석의 범주에 넣지 않으려고 하는 경향이 있다. 호피석의 산지인 이곳 춘천에서 열리는 수석 전을 가 보아도 호피석이 한 점도 나와 있지 않은 곳도 있고, 양념으로 한두 점, 선을 보이는 정도다.

나는 아직도 호피석에 대한 미련을 버리지 못하고 있는데, 앞으로도 호피석을 찾아 산지를 누비고 다닐 것이다. 각설하고, 금년은 그래도 초봄에 가평 강가에서 석신제를 지낸 덕분인지 석복이 있어서 떠거지(크기)가 큰 호피석도 몇 점 했고, 금년을 마무리하는 뜻으로 바로 그 가평 강가에서 돼지를 닮은 호피석을 한 점 했다. 호피석은 호랑이를 닮아야 제격인데, 왜 하필이면 돼지를 닮은 것일까?

돼지머리를 눌러 놓고 고사를 지내 돼지를 닮은 호피석을 주웠는지 모른다. 돼지는 욕심꾸러기의 대명사로 불린다. 아마 나도 돼지처럼 욕심이 많은 사람인가 보다. 돌을 계속 모으기만 하는 경지가 있고, 남에게 나누어 주는 경지가 있다고 하는데, 나는 아직 남에게 한 점도 선물해 본 적이 없기 때문이다.

내 주위에서 자신이 아끼는 돌을 남에게 선뜻 내어주는 사람을 보면 참으로 부럽다. 돼지는 미련한 동물이라고 한다. 그 생김새부터가 미련하게 보인다. 약삭빠르게 살아가는 삶 속에서 조금은 돼지처럼 바보스러운 삶을 사는 것이 바로 내 인생살이가 아닌가 한다. 어떻든 돼지꿈만 꾸어도 좋다고들 하는데 돼지를 닮은 호피석을 안방에 불러들였으니, 앞으로 하는 일마다 운수 대통할 것이 아니겠는가?

장원 석의 꿈

　금년 봄, 양력으로 3월 24일 춘천교도소 수석회가 명칭을 봉의수석회로 바꾸고 가평에서 목동에 이르는 노루목 강가에서 창립 1주년 기념행사 겸 탐석 대회를 가졌다. 제주도에서는 유채꽃 소식이 전해져 마음을 설레게 하는데, 위도상 북쪽인 이곳 춘천은 봄소식이 감감무소식이요, 엄동설한을 방불케 하는 추위가 몰아닥쳐 수석 회원들의 마음을 더욱더 움츠리게 했다.
　그러나 택일을 잘해서인지 그날은 완연한 봄날이요. 겨우내 얼었던 냇물이 녹아 흐르는 소리가 봄을 실감나게 했다. 먼저 정성스럽게 준비해 온 돼지머리를 올려놓고 석신제부터 지냈다. 금년 들어 첫 번째 맞이하는 탐석 대회이기에 회원들의 석복을 기원하며 절차에 따라 축문을 읽고, 웃는 돼지머리 앞에 다소곳이 엎드려 있는 회원들의 표정은 자못 진지하기까지 했다.
　석신제를 지내는 동안 나는 줄곧 나의 하나님께 마음속 깊이 찬송과 기도를 드렸다. 석신제가 끝나고 간부진들의 이 취임식이 거행되었다. 일 년 동안 수석회를 이끌어 온 사람들의 노고를 위로하여 공로패가 수여되었다. 그때마다 우레와 같은 박수소리와 환호성이 터져 나왔다. 수석회를 더욱더 알차게 이끌어가라는 염원으로 신임 회장과 간부들에게도 격려와 박수를 아끼지 않았다.

막걸리잔을 곁들여 점심을 먹고 탐석 대회에 들어갔다. 금년부터 푸짐한 상품과 상패까지 마련되어 좋은 돌도 줍고 상품도 타게 되는 일석이조의 기회가 아닌가?

지난해 창립 대회 때, 장원 석의 영광을 차지한 나는 올해도 어김없이 나에게 좋은 돌을 찾게 될 것이라는 기대감으로 들떠 있었다. 마감 시간을 오후 3시로 정하고 숨은 그림을 찾듯이 강바닥을 뒤지기 시작했다. 물어볼 것도 없이 노루목에서 가평에 이르는 강줄기는 호피석의 산지다.

황호피에 물형을 닮은 커다란 호피석을 찾아내기만 하면 그만이었다. 나는 강바닥을 애써 뒤지는 것보다 건너편에서 굴착기로 골재채취 작업을 하는 곳에 눈독을 들이고 있었다. 사실 강바닥에서 호피석을 찾는다는 것은 참으로 어려운 일임에 틀림이 없다. 호피석이 통째로 나와 있을 리는 만무하고 조그만 부분을 찾아내어 파 들어가야 하는데, 그것을 파내는 것조차도 고역이 아닐 수 없다. 거기에 비하면 굴착기 작업을 하는 곳에 가서 가만히 기다리다가, 내 앞에 커다란 호피석이 한 개 떨어지기만 하면 나는 잽싸게 끌어내어 짊어지고 나오면 되는 것이 아닌가?

그런데 그것이 아니었다. 굴착기 앞으로 달려가 아무리 기다려 보아도 호피석은 떨어지지를 않고 예정된 시간이 훌쩍 가 버리고 말았다. 허탈한 마음으로 품평회를 하기 위해 모임이 있는 곳에 도착했다. 그곳에는 신입 회원 한 사람이 떡두꺼비 같은 모양을 한 색깔 좋은 황호피석을 땅바닥에 괴어 앉혀 놓고 연신 물을 뿌려 토닥거리며 싱글벙글하고 있었다. 회원들이 그 주위를 에워싸고 웅성거리며 물어볼 필요도 없이 오늘의 장원석은 떡두꺼비라고 입을 모았다.

그 회원은 수석을 시작한 지 얼마 되지 않아 호피석을 제대로 구별할 줄도 모르는 사람이었다. 내가 대충 훑어보고 지나쳐 버린 바로 그 강바닥에 호피석 비슷한 것이 약간 보여 반신반의하며 파 들어갔더니 두 사람이 겨우 들어 올릴 만큼 커다란 황호피석이 들려 나오더라는 것이었다.

돼지머리를 눌러 놓고 고사를 지내 그 냄새를 맡고 떡두꺼비가 뛰쳐나온 것이 아니겠느냐고들 했다. 장원 석을 놓치고 나서 나는 곰곰이 생각에 잠겼다. 나도 마음을 비우고 강바닥을 샅샅이 뒤졌더라면 장원 석을 차지했을지도 모른다. 그러나 요행수를 바라고 굴착기 앞에서 군침을 삼키며 서 있었던 나 자신이 한없이 부끄럽게 느껴졌다.

　내 인생살이도 그렇게 허황된 꿈이 이루어지기를 기다리며 살아가고 있는 것일 게다. 이제부터 나도 장원 석을 차지한 그 회원처럼 성실한 자세로 살아가야겠다. 춘천교도소 수석회가 춘천의 명산인 봉의산의 이름을 따라 봉의수석회로 바꾸었으니, 앞으로 더욱더 발전하여 좋은 성과가 있으리라 기대해 본다. 때를 같이 하여 취미 생활 활성화 방안의 일환으로 차량까지 배려해 주신 소장님께도 감사를 드린다.

6부 새천년의
    안양교도소 시절

─── 새천년의 안양교도소 시절

　새천년의 그 해 2000년에 나는 안양교도소에 몸담고 근무하고 있었다. 새천년이 온다고 해도 뭐가 달라지는 것은 없다. 어제 뜬 해가 또다시 떠오르고, 어제 불던 바람이 불고, 별로 달라질 것이 없건마는 사람들은 새천년에 잔뜩 기대를 걸고 새천년이 온다고 한껏 들떠있었다. 나도 예외는 아니다. 새천년이 오면 무엇인가 내 꿈을 이루어줄 것만 같은 기대감으로 밤잠을 설칠 때도 있었으니 말이다.

　드디어 새천년의 그 날 나는 안양교도소 모락산 자락에서 내 꿈을 한껏 펼쳐보며 "사형수의 발을 씻기며"라는 제목의 수필집을 발간했다. 서울구치소 근무 때 교정기독신우회 회원으로 활동하며 세족식에 참석해서 우연하게도 같은 사형수의 발을 세 번이나 씻기게 되었다는 내용의 글을 토대로 펴낸 내 수필집 "사형수의 발을 씻기며"는 기독교 서적 출판사인 쿰란출판사에서 발행했다. "사형수의 발을 씻기며"를 출간하고, 2004년 4월 16일 CBS TV 기독교방송 "새롭게 하소서"에 출연하여, 신앙도 간증했다. 내 바로 뒤를 이어 탤런트 김혜자 씨가 출연했으니, 나도 스타가 된 기분이었다.

나를 문단에 등단하도록 지도해 주셨던 경희대학교 국문학과 명예교수님이셨던 서정범 교수님께서 서문을 써 주셨다. 돌아가시기 전 모임 때마다 내 글을 칭찬해 주셨던 서정범 교수님! 그래서 나는 돌아가신 서정범 교수님이 너무나 그립다. 새 천년의 그 시절 안양교도소 시절로 다시 돌아가고 싶어진다.

사형수의 발을 씻기며

우리 서울구치소 기독선교회가 해마다 부활절과 창립 기념일에 연례행사로 하는 일 중의 하나가 사형수의 발을 씻기는 일이다. 예수님께서 제자들의 발을 씻기며 겸손과 봉사하는 마음을 몸소 행동으로 보여 주신 것을 기념하기 위함이다. 또 아침 7시에 출근하여 정신질환자인 재소자들과 함께 목욕하며, 그들의 등을 밀어주고 호흡을 같이하는 일은 참으로 뜻깊은 일이다. 9주년 창립 기념일 아침에도 정신질환 재소자 34명을 목욕시켜 그들의 마음도 상쾌하게 했다.

나는 1993년 여름 서울구치소에 부임하여 창립 8주년 기념 예배 때 처음으로 사형수의 발을 씻기는 모임에 참석했다. 사형수의 발을 씻긴다는 것은 사실상 자신의 모든 자존심과 경계심과 무장을 해제하고 순수한 그리스도의 사랑으로 하지 않으면, 안된다. 세상 사람들은 사형수란 말만 들어도 우선 무섭다는 생각을 하게 될지 모른다.

　나는 날마다 그들과 함께 생활을 같이하는 교도관이다. 예수님 안에서는 우리가 모두 사형수와 같은 죄인이라는 사실을 고백하지 않을 수 없다. 제아무리 극악무도했던 지존파와 같은 사형수들도 참회의 눈물겨운 삶을 살아가고 있다.

　내가 처음으로 사형수의 발을 씻기게 되었을 때 공교롭게도 체격이 우람하고 얼굴이 우락부락하게 생긴 사람이 선택되었다. 살인죄를 저지른 사람이었다. 그렇지 않아도 비쩍 말라 비실비실한 사람이 건장한 체구의 사나이 앞에 서게 되니 인간적인 생각으로는 조금 무섭다는 생각이 들기도 했다. 그런데 그 사형수의 발을 씻기고 있는데 내 등줄기에 뜨거운 액체가 뚝뚝 떨어져 흘러내리는 것이 아닌가! 그 우락부락하고 바윗돌보다도 차갑게 느껴졌던 그 사람이 어깨를 들썩이며 흐느껴 우는 것이었다.

　어디서 그렇게 뜨거운 눈물이 흘러내리는 것일까? 왜 저토록 순진한 사람이 사람을 죽여야 했을까? 무섭다는 생각은 봄눈 녹듯 사라지고 함께 눈물을 흘리지 않을 수 없었다. 발을 다 씻기고 나서 또다시 그의 두 손을 맞잡고 눈물의 기도를 했다. 그의 모든 죄를 용서하여 주시고 새 삶을 살 수 있도록 해 달라고 말이다.

두 번째 행사는 1994년 봄 부활절 기념 예배 때다. 그런데 실로 우연히 그때 그 사람이 또 내 상대가 된 것이다. 첫 번째 때보다 더 간절한 마음으로 그와 나는 눈물의 기도를 했다.

그리고 얼마 지나지 않아서다. 그때 그토록 참회의 눈물을 흘렸던 그 사람이 관규를 위반하고 징벌방에 들어갔다는 것이다. 구치소와 교도소에 수감된 재소자가 관규를 위반했을 때는 행형법에 따라 징벌을 받을 수밖에 없기 때문이다. 나는 또 그를 위해 기도했다. 그리고 많은 것을 깨달을 수 있었다.

나도 마찬가지다. 나도 언제 어떻게 범죄하게 될지 나 자신도 알 수가 없다. 그것이 바로 인간의 참모습이 아닌가? 예수님의 수제자 베드로도 닭 울기 전 세 번씩이나 예수님을 부인했다. 닭 울음소리를 듣고서야 깨닫고 참회의 눈물을 흘리지 않았던가? 당시 연보궤를 맡고 있었던 가룟 유다도 은 삼십에 예수님을 로마 병정에게 넘겨주었다.

그렇다. 바로 그것이 인간이다. 나는 그 사형수를 통하여 많은 것을 깨달을 수가 있었다. 그 후 사형수 형제들 십여 명이 다시 올 수 없는 먼 길을 갔다. 우리 회원들이 그들의 시신을 눈물로 거두었다. 내가 발을 씻겨 주었던 그 사람은 다행히도 명단에 들어 있지 않았다.

이제 또 발을 씻는 행사 때가 돌아오면 나는 자청하여 그 사람을 찾으리라. 그리고 더욱더 깊은 사랑으로 그를 대해 주리라.

── 사형수와의 인연

　1995년 4월 11일 국회의원 총선거가 끝나고 부활주일이 일주일이나 지난 4월 13일 토요일 오후 2시 서울구치소 기독선교회 부활절 기념 예배가 수용자들과 합동으로 교회당에서 있었다. 일주일이나 지난 지각 부활절 기념 예배가 된 셈이다.
　이에 앞서 새벽부터 직원과 경비교도대로 구성된 선교회원들이 정신병동에 수용된 정신질환 수용자 40여 명과 목욕탕에 함께 들어가 목욕을 시키고 속옷을 새 옷으로 갈아입히는 예수님의 사랑을 실천하는 행사를 치렀다. 오후에 드리는 기념 예배에는 안양 여전도회를 비롯해 외부 교회에서도 많은 성도가 참석해 눈길을 끌었다. 김석균 집사, 최미 집사의 찬양은 언제 들어도 마음 깊은 곳까지 흔들어 놓기에 충분했다
　예배 전에 예수께서 제자들의 발을 씻어 남 섬기는 종의 도를 몸소 보여 주신 것을 기념하기 위해 우리는 사형수의 발을

씻는 세족식을 하게 되었다

 나도 내 지위와 자존심을 내려놓고, 세족식에 참석했다. 맑은 물이 담긴 세숫대야와 수건을 챙겨 들고 차례대로 사형수 앞에 자리했다. 그리고 그 사형수의 얼굴을 보는 순간 화들짝 놀라지 않을 수가 없었다. 해마다 거행하는 세족식에 같은 사형수를 세 번째 대하게 된 것이기 때문이다.

 두 번째는 우연히 그리되었다고 치자. 그러나 세 번째의 만남은 이것이 결코 우연이 아니라는 것을 확신하게 되었다. 왜냐하면, 그동안 사형 집행이 두 번이나 있었고 또 사형수 형제들이 전국으로 흩어져 이송 가고 남은 형제들이 일곱 사람인데다가, 내가 의도적으로 그 사람을 찾아 나선 것도 아닌데 바로 우락부락하게 생긴 그 사람이 또 내 앞에 있기 때문이었다.

 참으로 끈질긴 인연이었다. 그리고 그것은 하나님께서 역사하시는 일이라고 확신할 수밖에 없었다. 잔인하게 사람을 죽이고는 인간이 만든 법으로 사형 선고를 받고 언제 집행될지 모르는 그 사람의 시한부 인생을 통하여 하나님께서 나에게 주시려고 한 것은 도대체 무엇일까?

 1993년도 가을, 내가 그를 처음 만난 날, 바윗돌보다도 더 차갑게 느껴지던 그에게서 참회의 눈물을 보았고 그 눈물은 바로 나 자신의 눈물로 승화시킬 수가 있어서 참으로 감격이었다. 어깨를 들썩이며 흐느껴 울던 그 사람, 그리고 또 그 이듬해 봄, 부활절 기념 예배에 또다시 그를 만났을 때, 더 큰 감동으로 더 뜨거운 느낌으로 그를 대할 수 있었다.

얼마 후 그가 그렇게 참회의 눈물을 흘리고도 언제 그랬느냐는 듯 관규를 위반해 그로 인하여 직원이 불이익을 당해야 했던 그는 수갑을 차고 다시 징벌방에 들어가게 되었을 때 참으로 배신감을 느끼지 않을 수가 없었다.

그러나 돌이켜 보면 그를 위해 다시 기도하지 않았던가? 하나님께서는 그를 통하여 많은 것을 깨닫게 해 주셨다. 나는 하나님 보시기에 참으로 보잘것없는 사람인데 하나님께서는 왜 나를 그렇게 사랑하시는 것일까?

인간은 하나님 앞에서는 모두가 사형 선고를 받은 사람이다. 세상의 사형수는 인간인 법무부 장관의 명에 의해서 집행 절차에 따라 집행되지만, 하나님이 우리를 부르시면 그 절차마저도 심지어는 한마디 유언도 없이 떠나가야만 한다.

사형수가 구치소 처우 방침에 따라 거처를 옮길 때는 마치 천년이라도 살 것처럼 자기가 보던 책이며 살림살이를 애지중지 가득가득 담아서 가지만, 집행하는 그날은 침묵을 깨고 들려오는 칭호 번호 호출 소리에 허겁지겁 빈손으로 가야만 하는 것이 아닌가.

세 번째 만난 그의 두 손은 더욱더 뜨겁게 느껴졌다. 나에게 임하시는 하나님의 섭리를 온몸으로 체험할 수 있어서 좋았다. 할렐루야! 모든 영광을 하나님께 돌린다.

─── 목포교도소 시절

 목포는 항구다! 노래도 있지만, 목포는 추억이 서린 곳이다. 어릴 적에 용당에서 나룻배를 타고 목포에 간 적이 있기 때문이다. 육지와 이어진 다리 때문에 더 이상 목포는 섬이 아니다. 목포교도소는 무안군 일로면에 있다. 고 이난영 가수의 목포의 눈물 노랫소리가 울려 퍼지는 곳, 내 고향은 전남 해남이기 때문에 고향 가까운 곳이어서 좋았다.
 삶의 터전을 경기도 의왕시에 마련하고, 살았기 때문에 고향 가까운 곳이지만, 외로움에 떨어야 했다. 남도 천 리 길을 달려야 하기 때문이다. 더구나 안양교도소에서 아내와 함께 생활하다가 목포교도소에 발령을 받고 열차에 몸을 실었을 때 '비 내리는 호남선' 노래가 흘러나오고, 어쩐지 처량하게만 느껴져서 혼자 울지 않으면 안 되었다. 멀리 떨어져 있다 보니 이메일로 소식을 전하기도 했다. 고독에 몸부림치며 살아가던 목포교도소 시절! 그 시절이 그래도 그립다. 훈훈한 고향의 정을 느끼며 살아갈 수 있었기 때문이다.

이메일 사랑이라는 이름으로 그 시절 아내와 내가 함께 한 이메일과 목포교도소 근무 시에 월간문학에 발표한 '사월의 단감'을 싣는다.

사랑하는 당신에게
- 메밀꽃 인생

여보!

휘영청 중천의 둥근달이 밝은 밤! 옅게 달무리 져 흐르는 달빛이 오늘 밤 따라 유난스럽게 정감을 불러일으킵니다. 어려서 나는 저 달 보며 엄마의 얼굴을 떠올리곤 했지요. 지금은 그 누구의 얼굴을 떠올리고 있는 것일까? 아마도 당신과 가족들의 얼굴이 아니겠는가 생각해요.

나는 저 달 보며 이효석의 "메밀꽃 필 무렵"을 생각해요. 어쩌면 그렇게도 주인공 허생의 인생과 내가 똑같이 닮았을까. 딱 한 번의 인연으로 당신과 만나 지금까지 살아온 것도 그렇고, 가족과 떨어져 오늘 밤처럼 달밤을 걷고 있는 내 모습도 어쩌면 그렇게도 닮았을까. 젊어 투전판에 끼어들어 가진 것을 모두 잃고, 빈털터리로 장터를 전전하는 허생의 인생살이가 그 고달프고 지친 인생행로가 어쩌면 그렇게도 내 마음을 울려주는지. 그리고 친구 조선달이 이 생활 때려치우고 가게 나 얻어 정착하겠다고 했을 때도 허생은 저 달 보며 내 길 가 겠다고 힘주어 외치는 그 한마디가 어쩌면 그렇게도 처절하기 만 한 지!

여보! 이효석은 젊은 시절 이 소설을 썼지만, 어쩌면 그렇게 도 장돌뱅이 허생의 심리 묘사를 잘해놨는지! 전편에 흐르는 시적 분위기가 나를 감동시킵니다.

여보! 나는 어느 때 그렇게 영원토록 심금을 울리는 작품을 한 편 남길 수 있을까? 오늘도 또 어느 장터를 향해 발길을 옮 기는 허생처럼 나는 또 끊임없이 이 길을 가야만 합니다.

여보! 정말 그 기막힌 딱 한 번의 인연이 당신을 고달프게 해 서 미안합니다. 오늘도 당신은 고달픈 인생살이 이 장돌뱅이 나그네와 같은 삶을 사는 나를 아직도 기다리고 있는 것이 아 닌가요? 나도 허생처럼 당신을 찾아 이 세상 떠나지 못하고, 저 달 보며 이 길을 걷고 있는 것이 아닌가요?

여보! 어느 하늘 아래 당신과 내가 만나는 그날까지 허생처 럼 나는 이 길을 포기하지 않고, 걸어가렵니다. 저 달이 나를 속일지라도 봄바람이 나를 속일지라도 당신은 변치 않고 나를 기다려 주리라 믿어요.

여보! 사랑합니다. 이렇게 멀리 바라보는 저 달처럼 당신은 웃고 있을 것만 같아요. 온 세상이 다 변한다 해도 우리 변치

맙시다. 세상이 아무리 고달프고 힘해도 우리 참고 견디며 살아갑시다. 허생과 허생의 아내가 만나는 그날을 생각하며 오늘도 대화장터를 걷고 있는 것처럼.

멀리 일로에서 당신의 사랑 임재문

필자주 : 목포교도소에 근무할 때는 야간 근무를 해야 했기에 야간 순시를 하며 생각한 글입니다.

사랑하는 당신에게
  - 곶감

여보! 그제도 눈이 내리고, 어제도 눈이 내리고 눈보라 치는 밤이에요. 어릴 적에 본 눈 내리는 밤이라는 영화가 생각나기도 했어요. 또 그런 밤이면 당신 생각도 더 나고. 사랑하는 딸 아미가 곶감을 먹자고 하면 눈 올 때 먹자고 하는 말이 생각나 곶감을 내어 먹었어요.

나 어릴 적에 좋은 군것질이었던 콩을 볶아 달라고, 내 어머니께 조르면 첫눈이 오면 볶아 주마, 하시던 내 어머니 얼굴도 떠오르고. 그 곶감은 단순한 곶감이 아니에요. 그것은 당신의 사랑이 담긴 또 정성이 담긴 이 세상의 무엇보다 더 가치가 있는 것이지요. 당신이 야산에 있는 감나무에서 감을 직접 따다가 손수 깎아 여러 날 정성을 들여 말려, 천 리 먼길을 달려온 곶감! 지금은 사람들이 시골에서도 감을 따지 않고 있는 곳이 많아요. 왜냐하면, 사 먹는 것이 더 편하고, 감 따는 수고를 하지 않아도 되기 때문이랍니다. 옛날 배고픈 그 시절에는 실컷 따먹고 한두 개는 까치밥 감으로 남겨 두기도 했지요.

어떻든 나는 그 곶감을 먹으며 당신의 사랑을 느끼며 눈시울을 적실 때가 있어요. 당신은 나를 극진히 사랑하는데, 나는 당신의 사랑에 답하지 못하고 당신 고생만 시키는 것 같아서입니다.

세세한 이야기는 않겠지만, 젊어서 나는 고생을 많이 했어요. 그 고생을 나 혼자로 끝내야 하는데, 당신까지 고생시키는 나 자신이 한없이 원망스러워요. 이제 와서 후회할 일도 아니지만, 모든 것을 잊고 싶어요. 어떻든 눈 내리는 오늘 밤, 가족들 생각에 당신 생각에 젖어 봅니다.

여보! 이제는 눈도 그치고, 하늘에 쏟아질 듯 수많은 별이 반짝이는 일로의 새벽입니다. 여보! 앞으로 더 좋은 소식을 전하기 위해 노력할게요. 여보!

멀리 일로에서 당신의 사랑 임재문

사월의 단감

 사월도 하순으로 접어드는데, 과일가게에서 길쭉한 비닐봉지 속에 든 단감을 한 줄 사다가 깎는다.

 달콤한 단감의 향기가 코끝을 간질간질거린다.
 그런데 단감이 방금 감나무에서 따온 듯 싱싱하기만 하다. 과일가게 주인 이야기로는 방금 받아왔기 때문이라고 한다. 양력으로는 사월 하순 음력으로는 춘삼월에 접어든 날 단감을 깎는 감회가 새롭다.
 나 어릴 때만 해도 단감나무가 귀했다. 그래서 단감은 맛이 들기가 바쁘게 익기도 전에 다 없어지기 일쑤였다. 그런데 단감은 어디에 그렇게 많이 열렸다가 그 많은 사람이 가을부터 겨우내 먹고도 남아돌아 사월에도 단감의 싱싱한 맛을 느끼게 하는 것일까?

단감뿐이 아니다. 우리가 먹는 달걀이나 소고기, 돼지고기, 닭고기에 이르기까지 나 같은 촌티가 나는 사람에게는 정신이 혼란스러울 정도로 이해가 가지 않는다.

그러니까 불과 육십여 년 전만 해도 촌에서 소 한 마리를 기르면 자녀들 학자금을 마련하기 위해 쓰였다. 볏짚으로 만든 달걀 꾸러미 한 줄을 장에 내어다 팔아서 용돈을 마련해서 쓰고, 도시락 반찬으로 계란찜을 싸 온 아이들을 부러워하던 시절!
그런데 지금은 어떤가. 서울에서만 하루에 소모되는 소와 닭이 수천, 수백 마리에 이른다고 하니 과연 어디서 그 많은 소와 닭이 충당되는 것일까?

이 좁은 땅덩어리에서 말이다.
물론 외국에서 수입해 온다지만 그렇다고 쳐도 어떻게 그렇게 많은 양의 고기들을 들여와서 충당되는지 도무지 이해가 잘 가지 않는다.

사월의 싱싱한 단감처럼 인간도 그렇게 냉동 보관했다가 먼 후일에 그렇게 싱싱하게 살아날 수가 있는 것일까?
실제로 라디오 드라마에서 인간을 냉동 보관했다가 살아나는 이야기를 들은 적이 있다.
불치의 병을 얻은 젊은 여인이 아직 의술이 발달하지 못해 치료할 수 없어 다음 세대까지 냉동 보관 되었다가 의술의 발달로 치료가 가능한 시절에서 다시 살아나 결국 치료 후 살아가게 된다는 내용이었다.

그녀는 갑자기 새로운 환경에 적응해야 했다. 그녀의 딸과 아들들이 이미 할머니와 할아버지가 되어있는데 그녀는 젊은 여인으로 살아가게 된다. 그녀의 친구들이 그녀의 소생 소식을 듣고 달려와 축하해 주었다. 다들 꼬부랑 할머니가 된 그녀의 친구들…….

젊게 다시 살아난 그녀를 부러운 눈으로 바라보며 한껏 축하해 주었다. 그러나 그녀 자신은 하나도 즐겁지가 못하다. 모든 것이 변해 버린 생소한 환경 속을 헤쳐나가야 하는 그녀, 결국 그녀는 환경에 적응하지 못하고 주위 사람들의 노력에도 불구하고 어느 날 자살로써 삶을 마감한다는 내용이다.

그렇다. 인간은 환경의 지배를 받는다. 그 환경에 적응하며 살아가야만 한다.

우리 목포교도소에는 감나무가 많다. 가을이면 빨갛게 익은 감들이 주렁주렁 매달려 고향의 정취를 마음껏 느끼게 한다.

나는 어린 시절을 생각하며 땡감을 줍기도 한다. 목포교도소를 찾는 사람들은 가을에 빨간 감을 바라보며 무슨 생각을 하는 것일까?

옛날에는 감을 다 따 먹고 맨 위에 한두 개는 까치밥 감으로 남겨 놓는 것을 좋은 풍속으로 생각했다. 그러나 요즈음은 감을 따지 않고 겨울이 오기까지 통째로 까치밥이 되기가 일쑤란다.

감을 따는 것보다 사 먹는 것이 더 싸고 쉬워서이다.
이제 나는 감으로 친다면 땡감 시대를 지나고 빨갛게 익은 가을의 감에서 까치밥으로 치닫고 있는 것은 아닌지?
이제 다시 세월을 되돌릴 수도 없다. 어린 시절 땡감 줍던 그 시절로 말이다.

고교를 졸업하고부터 비정상적으로 난 흰머리를 염색으로 위장하며 살아야 하는 나, 그것도 모자라 책을 볼 때나 글을 쓸 때는 돋보기를 써야만 하고 한쪽 머리를 길어 벗어진 이마를 덮어보려고 안간힘을 다 써보지만 바람이 불면 이내 훌렁 벗어져 내 치부를 다 드러내고 마는 것이 아닌가?

냉동 보관되어 나온 싱싱한 단감을 깎으며 그 풋풋한 단감처럼 소생하고 싶은 마음으로 다시 한번 심호흡을 가다듬고, 한쪽으로 넘어간 머리를 손질해 벗어진 이마를 덮으며, 또다시 인생무상을 느껴본다.

2002년 월간문학

월간 교정지와 나

　내가 교정지를 처음 대한 것은 떠꺼머리 노총각으로 홍성교도소에 9급 교도로 첫 발령을 받은 날, 홍성교도소 휴게실에서이다. 책을 좋아하던 나는 곧 교정지와 친해지게 되었고, 배명 받은 지 일주일 만에 교정지 현장 발언 난에 수필 형식으로 "기독교적 감화"라는 글을 투고했다. 그리고 교정지에 실리게 되었으니 사진을 보내 달라는 연락을 받았다. 사진을 보내고 나서 얼마 후 내 글이 교정지에 실리게 되었는데, 그때 기분은 이루 말로 형용할 수 없을 정도다. 그 이후로 "승부가 없는 게임" "미리엘 신부님의 은촛대" "양심의 구멍" 등 교정행정을 비판하는 글도, 더러 실게 되었는데, 주위 사람들은 물론 나를 전혀 모르는 사람들로부터도 격려와 칭찬을 아낌없이 받았다. 마냥 기분이 좋았다.
　그때 서투른 글을 손질해서 실어주신 분들께 지면을 통하여 머리 숙여 감사를 드린다. 내가 쓴 글과 교정을 보아 실린 글을 대조해 보며 수필 공부를 했다. 수필 공부뿐만 아니다.

교정직 7급 공개채용 시험공부도 열심히 했다. 몇 편씩 써서는 그래도 가장 마음에 드는 것으로 투고를 했다. 그렇게 수필 공부를 하다가 7급 교위 공개 채용 시험에 합격하여 교위로 임관하여 청송교도소에 근무할 때, 무턱대고 진보서점에서 구입한 수필전문지 "한국수필"에 응모했다. 여태 교정지에만 투고 형식으로 글을 쓰다가 처음으로 문단을 두드리게 된 것이다. 제목은 "고향 그림"이었다.

그런데 뜻밖에도 처음 응모한 글이 한국수필 지에 초회 추천된 것이다. 1983년 봄의 일이다. 그 후로 계속 글을 보냈는데, 경희대학교 국문학과 서정범 교수님의 첨삭지도와 함께 되돌아왔다. 그때부터 밤잠을 설쳐가며 수필 공부에 몰두하게 되었다. 틈만 나면 문학 전문지와 시, 소설 등 닥치는 대로 읽었다. 낮에는 읽고 조용한 밤이면 글을 썼다. 주경야독이 아닌 주독야서였다. 그렇게 원고지와 씨름하기를 3년여 결국 서울구치소 근무 당시 "노잣돈"이 1986년 봄호 한국수필 지에 추천 완료되어 정식으로 문단에 등단하게 되었다. 등단은 한국수필 지에 했지만, 사실상 내 문단의 모태는 월간 교정지이다. 그래서 교정지에 실린 글들과 그밖에 수필전문지에 실린 글과 신동아 월간 수석 등에 실린 글들을 모아 "담 너머 부는 바람"이라는 수필집을 펴내고, 춘천 어린이회관에서 출판기념회도 가진 바 있다.

그 당시만 해도 교정지는 직원들에게 푸대접을 받았다고 해도 과언이 아니다. 퇴근 때 배치 부장이 나누어 주면 마지못해 가지고 가야 했던 교정지다. 표지만 해도 교도소 주벽을 연상하게 하는 회색 표지가 더욱더 딱딱함을 느끼게 하기에 충분했다. 극소수를 제외하고는 거의 읽히지 않고 사랑받지 못한 교정지였다. 그 후 얼마 있지 않아 회색 표지가 녹색 표지로 바뀌기도 하고, 몇 번의 변신을 거듭한 끝에 표지는 물론 내용도 많이 읽히고 사랑받기 충분한 교정지로 발돋움하고 있다. 시, 수필을 비롯하여 아기자기한 가족 이야기 등 교정직 직원의 정감을 마음으로 전할 수 있는 교정지로 거듭나고 있다. 가벼운 콩트나 감명 깊은 단편소설도 지면을 할애해 실었으면 좋겠다.

나는 교정지를 사랑한다. 내 문단의 모태이기 때문이다. 교정지를 받아들면 언제나 주의 깊게 살피며 읽는다.

교정지를 통하여 우리 교정행정의 발전을 기원해 본다.

7부   다시 춘천으로
     춘천교도소 시절

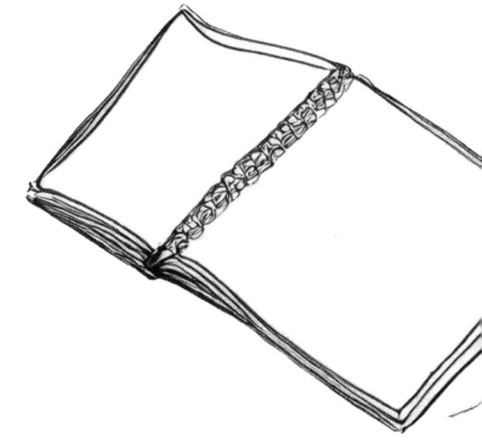

―― 다시 춘천으로, 춘천교도소 시절

 춘천교도소에 출정 과장 보직을 받고 발령을 받았다. 내가 처음 춘천교도소에 발령을 받은 것은 1989년 늦가을이었다. 약 4년 동안 야간 당직근무를 하고, 서울구치소 원주교도소 안양교도소를 거쳐서 목포교도소에 몸담고 근무하다가 2003년 다시 춘천교도소로 발령을 받은 것이다. 달라진 것이 있다면 야간 당직근무를 마감하고 일근 출정 과장으로 근무하게 되었다는 것이고, 그때는 가족과 함께 관사 생활을 했었는데, 의왕시 내손동에 삶의 터전을 마련하고, 주말부부로 생활하게 되었다는 것이다.
 첫 번째 춘천교도소 야간 당직근무 때는 수석에 심취해서 비번 날마다 신동 배 터로 가평 노루목으로 호피석을 찾아 탐석에 몰두해 있었다. 이제 다시 춘천에 근무해 보니 그때 골재채취 작업을 하던 하천 변이 다 정리가 되어 더 이상 호피석 탐석을 할 수조차 없게 되었고, 야근 후 비번을 타는 생활이 아니고, 일근을 하고, 주말과 휴일에는 주말부부로 집으로 가기가 바쁘다.

출정과 업무는 미결 수용자들을 호송차에 태우고, 재판이 있는 날은 법정에 재판을 받도록 호송을 하고, 재판이 없는 날은 검사 조사차 미결 수용자들을 검찰청 청사로 호송을 하여 검사 조사를 받도록 하는 업무다. 나는 출정 과장으로 총감독을 해야 한다.

수필가로는 한국수필작가회 제10대 부회장을 맡고, 이어서 한국수필작가회 제11대 회장이 되었다. 그래서 내가 한국수필작가회 회장을 맡게 된 2005년 5월 한국수필작가회 문학기행에 우리 춘천교도소와 춘천의 명소로 회원들을 초청할 수 있어서 얼마나 다행인지 모른다. 나를 수필 문단에 등단할 수 있도록 해주신 서정범 교수님도 함께 참석해서 더더욱 보람 있는 모임이 되었다.

우리 춘천교도소를 방문해서 춘천교도소를 참관하고, 이어서 춘천박물관과 신숭겸 묘역과 김유정 문학관을 거쳐 소양강 댐 관광에 이르기까지 참으로 정겹고도 보람 있는 하루였다고 생각한다. 그래서 나는 두 번씩이나 근무하게 된 춘천교도소 시절을 잊을 수가 없다.

지금도 호피석을 바라보며 춘천교도소를 떠올리고, 지하철로도 갈 수가 있게 되어 더더욱 나는 춘천이 좋다. 잊을 수 없는 춘천교도소 시절 그 시절이 다시 그립다.

　춘천교도소에 근무 중에는 출정 과장을 맡고 있었지만, 한국수필작가회 회장을 맡고 있어서 서울에서 수필 세미나를 개최하고 내가 발표문을 낭독했는데, 그 발표문이 고등학교 교과서 교학사 간 문학 1에 2005년부터 2011년까지 실리게 되었다.

　그래서 그 발표문을 여기에 싣는다.

　또 한국수필작가회 회장을 맡고 있어서 한국수필작가회의 문학기행을 춘천으로 선택해서 우리 춘천교도소를 참관할 수 있게 했다.

　그래서 '오월의 꿈을 싣고'를 여기에 싣는다.

─── 나는 수필을 이렇게 쓰고 싶다

지난날을 돌이켜 보며

 나는 한국수필지에 추천이 완료되고 수필가협회, 문인협회 등에도 가입하여 활동하고 있을 뿐만 아니라, 첫 번째 수필집 《담 너머 부는 바람》을 상재하여 출판기념회도 가진 바 있다. 그리고 우리 수필 모임에 관한 일이라면 누구 못지않게 열과 성의를 다하고 있다고 생각한다. 그러나 아직 "나는 작가다. 나는 수필가다"라고 큰소리로 외쳐본 적이 없다. 그만큼 등단 후 지금까지 유명무실한 생활을 이어왔기 때문이다.

 작가 등단이라는 설렘과 기대 속에서 작가가 되기만 하면 당연히 원고 청탁은 물론 신데렐라같이 인기 작가로 세인의 주목을 받으며 살아가는 것으로 알았다. 그래서 등단을 위해 밤잠을 설칠 때도 있었고 뼈를 깎는 아픔을 겪기도 했다. 그러나 야속하게도 그렇게 기대했던 작가로서의 역량을 발휘하지 못하고 있다.

　내가 관여하고 있는 몇몇 동인지에 그저 명맥을 이을 정도의 글을 발표하고 있을 뿐만 아니라, 작가로서 도저히 용납될 수 없는 재탕, 삼탕으로 글을 게재할 때도 있었으니 이 자리를 빌려 참회하는 마음으로 고백하며 이후로는 작가의 양심을 걸고, 재탕하지는 않으리라고 다짐해 본다.

　또 '글은 곧 인간이다'라고 할 정도로 글 속에는 작가의 삶의 향기가 배어 있어야 한다. 그러나 나 자신의 지난날을 돌아보면 그렇게 향기롭지도 못했을 뿐만 아니라, 수필적인 삶이 아닌 무덤덤한 삶이 아니었던가 하는 후회가 들기도 한다. 이제 나는 이번 기회를 통하여 참으로 수필가로서의 자질을 갖기 위해 끝없이 자신을 채찍질하며 좋은 수필을 쓸 수 있는 삶을 살아야겠다.

　또 지금까지의 내 글은 아무래도 신변잡기에 불과한 글이 아니었던가 생각된다. 또 개성을 살리지 못한 평범한 것들이요, 등단 후 장족의 발전을 가져오기보다는 오히려 퇴보한 감도 없지 않다. 이제 또다시 후회하는 일이 없도록 몇 가지 새로운 다짐을 통하여 각성의 계기로 삼으련다.

수필의 소재를 찾아 나서야겠다

나는 수필의 소재를 나 자신의 변두리에서만 찾았었다. 거미처럼 얼기설기 줄을 쳐 두고 그저 커다란 소재가 걸려들기만 기다리는 꼴이었다. 이제는 수필의 소재를 찾아 나서야겠다. 수필의 소재가 발견되면 결코 놓치지 않으리라.

흔히 나를 아는 사람들은 교도관 생활을 하니 담 안에 있는 사람들을 소재로 얼마든지 글을 쓸 수 있지 않겠느냐고 부러워하는 사람들도 있다. 그러나 이색적인 삶이라고 하여 다 수필의 소재가 되는 것은 결코 아니라는 사실을 경험을 통해서 알았다. 물론 내가 몸담고 있는 직장의 이야기가 내 수필의 소재가 된 적도 있기는 하지만, 이제야 나는 비로소 소재의 빈곤함을 피부로 느낄 수가 있다. 이제 나는 목마른 사슴처럼 열심히 찾아 나서서 다양한 소재의 글을 쓰도록 해야겠다.

수필 쓰는 분위기를 살려야겠다

나는 사실 아직까지 내 서재를 갖지 못했다. 아무 데나 펴 놓고 앉으면 그만이었다. 때로는 그것이 어떤 현장감을 불러일으키는 계기가 될 수도 있겠지만, 깊은 사색의 경지에서 쓰여져야 하는 것이 수필이라고 할 때 결코 바람직한 일은 아니다. 초고는 그렇다 치더라도 수필을 다듬고 살을 붙이고 완성하는 단계에서는 꼭 분위기 있는 곳에서 마무리하고 싶다. 아무에게도 간섭받지 않는 나 혼자만의 세계에서 말이다. 그곳에 따끈한 차 한 잔이 있으면 더욱 좋겠고, 때로는 성가라든가 흘러간 가요라도 조용히 들려온다면 내 상상의 날개는 더욱더 멀리 펼쳐지리라.

다독, 다작, 다상량을 생활화해야겠다

소설은 물론이요, 시와 수필 등 닥치는 대로 열심히 읽어야겠다. 등단하기 전에는 전집류에 이르기까지 열심히 읽었을 뿐만 아니라, 신문이나 잡지에서도 내게 꼭 필요한 부분은 스크랩해 두는 것을 취미로 알았었는데, 이제는 게을러져서 이따금 성의로 보내 주는 기증본도 때로는 다 읽지 못할 때가 있으니 송구스럽기만 한다.

이제 밤을 지새우는 한이 있더라도 열심히 읽어야겠다. 다시 시작하는 마음으로 일기도 쓰고 멀리 있는 사람들에게 전화보다는 편지로 사연을 전하고 글 쓰는 습관을 길러야겠다. 무엇보다도 수필 몇 편쯤 여유를 두어 써 놓고, 원고 마감날짜에 허둥대는 일이 결코 없도록 해야겠다. 수필이 깊은 사색의 경지에서 우러나오는 글이기에 끊임없이 헤아려 생각하는 것을 일과로 삼아야겠다.

개성과 위트가 있는 글을 쓰고 싶다

남이 다 해 버린 이야기를 내가 또 들먹거렸을 때의 싱거움을 어쩌랴. 꼭 남을 깜짝 놀라게 하고, 또 남에게 강렬한 자극을 주는 글이 좋은 글이라고 할 수는 없지만, 최소한 나만이 간직하고 있는, 그러나 모든 사람이 공감하는 글을 쓰고 싶다. 그리고 위트와 폭소를 자아낼 수 있는 그런 글을 쓰고 싶다.

이번 기회를 통하여 나무의 나이테처럼 성장하는 계기로 삼아 수필 쓰는 일에도 수필 모임에도 더욱더 열심을 내어 살아야겠다.

오월의 꿈을 싣고

눈부신 오월의 햇살! 아카시아 향기 풍기는 춘천. 그뿐인가? 밤꽃 내음이 마음을 들뜨게 하는 오월의 스물한 번째 날, 드디어 우리 한국수필작가회 문학기행이 막을 올렸다. 남춘천역에 그리운 얼굴들이 가슴 가득 뜨거운 사랑을 안고 찾아왔다.

지금부터 이십 년 전쯤 우리 한국수필 작가회의 문학기행이 춘천에서 이루어졌었다.

내가 춘천교도소 출정 과장으로 근무할 때요. 우리 한국수필작가회 제11대 회장을 맡고 있을 때다.

돌아가신 서정범 교수님, 그리고 이숙 선생님, 우리 한국수필작가회 식구들, 미리 준비된 관광버스와 호송차에 나누어 타고 춘천교도소로 출발! 손에 손에 수용자들에게 기부할 책 보따리들을 들고 왔다.

도대체 교도소라고 하는 곳이 어떤 곳인가? 긴장된 마음으로 교도소 외정문을 들어서 청사로 안내되었다.

그곳에서 교도소에 관한 슬라이드 안내와 설명을 듣고 '아! 교도소라는 곳은 이런 곳이구나!' 조금은 짐작이 갔을 터이다. 그런데 그 순간 진동으로 해둔 내 휴대폰이 울린다. 우리 한국수필작가회 김 선생님이시다. 춘천 톨게이트를 통과했다는 연락을 받고 바로 교도소로 오라고 해놓고 내가 그만 깜빡했다.

황급히 달려나가 보니 외정문에 벌써 와서 연락이 안 되는 듯 당황한 빛이 역력하다. 이를 어쩌나 나는 숨 가쁘게 내달려 소리 높이 김 선생님을 불렀다. 얼마나 반가웠을까? 거의 날마다 사이버상에서 글로만 만나다가 직접 얼굴과 얼굴을 대할 때의 그 감격! 나는 수용자에게 기증할 책을 받아들고 청사로 안내했다.

한참 교도소 안내를 하는 것도 잊고 나는 감격에 겨워 "여러분! 뜨거운 박수로 환영해 주십시오!" 해서 뜨거운 환영의 박수를 받아냈다.

분위기를 깨트렸다고, 누군가 불평도 있었으리라, 그러나 어쩌랴! 반가움의 표현인 것을. 이어서 기념사진 촬영을 하고, 교도소 참관이 본격적으로 이어진다.

민원실 가는 길 앞에 비상하는 여인의 나신상! 그 여인이 조금 차가워서 그렇지 나는 그 여인을 좋아한다. 비상하는 여인의 마음 나는 그것이 좋다. 민원실 그곳은 수용자와 가족과 만남을 주선하는 곳이다. 그곳에는 수용자에게 필요한 필수품도 전시되어 있다. 주벽을 따라가며 하얀색의 담에 벽화로 장식된 것들을 보며 덕수궁 돌담을 돌듯이 우리는 그렇게 교도소 정문에 들어선다. 교도소 정문은 수용자가 입소할 때도 그곳으로 입소하지만, 출소해서 나갈 때도 그곳을 통과한다.

3·1절, 석가탄일과 8·15 광복절, 성탄절 가석방이 되어 나갈 때면 빨리 출소하라고 큰문이 열린다.

그 문을 나오면 바로 사회다. 석방이다. 자유다. 푸른 하늘은 더욱 푸르게 보이고, 오월의 햇살은 더욱더 눈부실 것이다. 그러나 불행하게도 살아서 자유의 몸이 되지 못하는 사람은 북문이라고 하는 곳으로 나간다. 북망산천이라는 어원에서 비롯되었을 것이다. 그래서 죽음은 그렇게 엄숙하고 슬프기만 한 것이다.

보안과 사무실, 그곳에는 수용자를 보호하기 위한 갖가지 시설을 갖추고, 우리가 근무하는 곳이다. 갑작스레 비상사태가 발생할 때도 가장 먼저 알고 달려가는 곳이 바로 보안과 사무실이다.

보안과 사무실을 지나 주 복도를 한참 걸어 나가 수용자 거실에 다다른다. 수용자들은 밤이면 그곳에 몸을 부리고 고향 꿈을 꾼다. 휴일이면 그곳에서 생활해야만 한다. 낮에는 출역하고 비어있는 곳을 우리는 본다. 수용자의 체취가 묻어나는 곳! 그리고 수용자들의 출역 장소를 거쳐서 수용자 운동장을 가로질러 다시 보안과 앞을 통과해서 정문을 나오며 교도소 참관을 마무리했다.

청사에 맡겨 두었던 짐보따리들을 챙겨 들고 관광버스에 올라 교도소 직원들의 배웅을 받으며, 춘천박물관으로 향했다. 나는 이곳에서 3년 넘게 근무하면서도 박물관을 방문하지 못했었다. 우리 한국수필작가회 회원들이 교도소에서 수필 사냥을 하듯이 나 자신도 이제 본격적인 수필 사냥꾼이 되어있는 기분이다.

임금의 위엄이 깃들어 있는 금관 장식과 다이어트 보살님의 그 야릇한 미소! 그리고 웅장한 춘천박물관이 우리에게 많은 것을 전해주고 있어서 좋았다.

다시 발길을 돌리고 찾아간 곳은 김유정 문학촌! 그곳에서 막국수에 동동주가 사람의 마음을 뒤흔들어 놓았다. 김유정은 사랑의 역경도 그렇거니와 짧은 생애 동안에 주옥같은 소설을 엮어낸 그 사람이 한없이 좋아서 감격해야만 했다. 김유정의 동백꽃, 봄봄, 등은 정말 심리 묘사가 뛰어나고, 우리에게 감명 깊게 읽히는 소설이 아닌가?

김유정 생가에 앉아 김유정 소설가의 기를 담뿍 받아 가지고 오려고 마음먹었다. 서정범 교수님께서는 거기에 기가 살아

있음을 측청추를 통해 증명해 주셨다. 그래서 나는 그 문학의 기를 받아 이렇게 글이 매끄럽게 풀리고 있는지도 모른다.

관광버스에 몸을 싣고 신숭겸 장군 묘에 다다른다. 그곳은 신숭겸 장군 묘의 분봉이 세 개가 있다.

대구 문학기행 때 신숭겸 장군 유적을 돌아보고 온 터라, 장군 묘가 궁금했는데 직접 볼 수가 있어서 좋았다. 그곳에 봉분이 세 개가 있는 사연은 장군의 목이 없어 금으로 목을 만들어 도굴 위험이 있기 때문에 세 개를 만들었다고 전한다.

요즈음이야 금속탐지기로 탐지하면 금방 알아맞힐 수 있는 것이 아닌가? 그 당시만 해도 도굴을 염려해서 그렇게 만들었다고 하니 이해가 간다. 신숭겸 장군 묘를 지나서 우리는 소양강댐에 오른다. 춘천의 젖줄이다. 소양강댐에서 흘러간 물이 북한강을 지나 팔당댐에 이르러 서울 사람들의 식수원이 되는 것이 아닌가?

오월의 눈이 부신 햇살과 김유정 문학촌 막국숫집에서 챙겨 온 동동주가 또 마음을 사로잡는다. 어쩌란 말이냐? 이 좋은 날 그리운 얼굴들과 손에 손을 맞잡고 걷는 발길을 어쩌란 말이냐? 한 잔술에 시름을 싣고, 한 잔 술에 정을 담아 건네는 동동주, 오동동타령이 절로 나는 순간이었다. 누군가의 눈짓도 아랑곳하지 않고 정에 취해 내 마음 둥둥, 소양강댐을 흐르는 물처럼 흘러가고 있다.

　흐르는 구름처럼 그렇게 둥둥 떠가고 있다. 모든 것들이 나를 그렇게 혼란스럽게 만드니 나도 웃는다. 이 험한 세상에 한 줄기 미소로 남고 싶어서이다. 소양강 처녀가 흐르는 춘천 소양강댐, 우리가 찾는 소양강 처녀는 과연 어디에 있는 것일까?

　그리고 다시 관광버스에 몸을 싣고, 내가 부른 '댄서의 순정'이 그렇게 일품이었다고 하니 쑥스러워 견딜 수가 없다.

　그렇게 해서 나는 또 남춘천역에 홀로 서 있어야 했다. 우리 한국수필작가회 회원들을 태운 열차는 서서히 움직이고, 첫 칸부터 서서히 멀어져 가는 열차에 오월의 꿈을 싣고 나도 달려가고 싶어라. 한없이 달려가고 싶어라.

맨발의 기봉이 영화감상

　오랜만에 극장에서 영화 봤다. 영화 제목은 '맨발의 기봉이' 이다.
　그러니까 내가 그림자처럼 옆에 함께한 바로 손위 동서네의 초청으로 '태극기 휘날리며' '고독이 몸부림칠 때' 등을 감상하고 나서의 일이다.
　이번에는 어버이날을 맞아 대학에 다니는 딸은 빨간 카네이션 화분을 준비하고 아들이 극장표를 예매했는데, 동서네 초청의 답례로 우리가 동서네 식구들을 초청해서 우리 집에서 정성껏 준비한 저녁을 먹고 함께 영화 구경을 했다.

　'태극기 휘날리며'를 감상했던 그 극장에서다. 맨발의 기봉이는 KBS TV 인간극장에서 첫선을 보인 실화를 바탕으로 만든 영화다. 남해의 아름다운 바다가 보이는 한적한 시골 '다랭

이' 마을에는 어려서 열병을 앓아 나이는 40이지만 지능은 8살에 머문 때문지 않은 노총각 기봉이가 산다. 기봉 역은 신현준이 맡았다.

그도 본 나이가 40이 다 되어가는 배우다. 기봉이 세상에서 제일 사랑하는 엄마 역은 전원일기에서 일용 엄마 역을 맡은 김수미가 맡아 열연을 한다. 기봉이가 제일 잘하는 것은 달리기이다.

동네 허드렛일을 하면서 얻어오는 음식을 엄마에게 빨리 가져다주고 싶은 마음에 신발도 신지 않은 채 집으로 뛰어가 따뜻한 밥상을 차리는 그를 동네 사람들은 '맨발의 기봉이'라고 부른다.

기봉이는 팔순의 노모를 극진하게 모시는 효자로 온 동네에 소문이 자자하다. 기봉이의 아침 첫 일은 엄마를 위해 매일 아침 따뜻한 세숫물을 가져다주는 것으로 시작한다. 엄마를 위해 군불을 지피는 나무를 해오고, 빨래도 도맡아 한다.

노환으로 거동이 불편하고 귀가 어두운 엄마 옆에는 항상 기봉이가 따라다닌다. 시장에 가서 물건을 사거나 심지어 화장실을 가더라고 엄마 곁에는 항상 기봉이가 지키고 있다.

그런 그도 엄마 앞에서만은 어린아이가 되어 투정을 부리기도 하지만, 엄마가 화가 날 때면 나무로 직접 깎아 만든 마이크로 노래도 부르고, 장난도 치면서 엄마를 달래기도 한다. 엄마에게도 세상에서 가장 소중하고 의지가 되는 아들이 바로 기봉이이다.

  어려운 생활 형편이지만 그들의 얼굴에는 그늘이라곤 한 점 없다. 하루하루를 늘 감사하면서 사는 그들은 항상 밝고, 명랑한 미소를 지을 뿐이다.

  엄마를 위해 달리는 것이 일상이다 보니 어릴 때부터 달리기 하나만은 자신 있었던 기봉은 우연히 그 지역에서 열린 달리기 대회에 엉겁결에 참가하게 되고 당당히 입상까지 한다. 그로 인해서 고생만 해온 엄마에게 기쁨을 주게 되고 엄마를 기쁘게 하기 위해 달리기를 결심한다.

  한편 이를 기특하게 여긴 임하룡이 분한 백 이장은 기봉이를 '전국하프마라톤 대회'에 내보기로 하고 기봉이의 트레이너를 자처하며 적극적으로 훈련에 들어간다.

  기봉이를 부려먹던 마을 사람들의 반대도 물리치고 훈련 도중 기봉이 쓰러졌고, 의사는 심장이 약하다고 해서 달리기를 중단하려고 하지만, 기봉이 더욱더 적극적으로 훈련을 하고, 반대하던 마을 사람들도 어느덧 기봉이 편이 되어 결국 마라톤 대회에 참석하게 되고 입상하지는 못했지만, 완주를 축하하며 상금을 주어 어머니의 틀니를 마련해 주게 된다는 내용이다.

  쇼킹하고 재미있는 영화라기보다는 코믹하게 이어가는 이

야기 속에서 잔잔한 감동을 불러일으키게 해서 좋았다. 극중 임하룡이 분한 백 이장의 아들 역은 탁재훈이 맡았는데, 처음에는 기봉의 방해꾼이 되지만, 기봉의 마음씨에 감동하게 되어 결국 기봉의 편이 된다. 기봉이 사진을 찍어 현상할 때 즐겨 찾는 사진관 주인은 김효진이 맡았는데 기봉에게 희망을 주고 후원을 아끼지 않는다.

어버이날을 맞아 효를 다시 한번 생각하게 해서 좋았다. 전편에 흐르는 코믹한 흐름과 잔잔한 감동이 하루를 흐뭇하게 한다.

아내와의 산책길

토요일 오후 모처럼 아내와 산책길에 올랐다. 마을 뒤에 있는 야트막한 산길에 다녀오는 것이다. 주말마다 수필 모임이다, 결혼식 참석이다, 해서 아내와 이렇게 한가한 시간을 갖기란 좀처럼 쉬운 일이 아니다. 그래서 아내도 마음이 좋은지 커피와 음료수를 준비하고 얼굴에 잔주름이 보이도록 웃음을 머금고 있다.

매서운 칼바람이 들이치는 겨울 산책도 마다하는 법이 없다. 코끝 찡한 찬 공기 한숨 들이마시면 가슴속 체증까지 모두 사라지는 듯한 쾌청함에 추위도 저만치 물러난다. 어디 그뿐인가. 등줄기에 배어나는 훈훈한 기운이며, 아내와 맞잡은 손에서 전해지는 온기까지 마음이 냉랭해질 짬이 도무지 나지 않는다.

오늘은 아카시아 향기가 피어오르는 오월이 아닌가? 솔잎 향이 어우러져 불어오는 솔바람은 더없이 마음을 상쾌하게 한다. 까치가 종종걸음으로 앞길을 인도하는가 하면 장끼와 까투리가 함께 날아올라 걸음을 멈추게 하기도 한다. 나무숲 사이로 쏟아지는 눈부신 오월의 햇살은 하늘의 축복인 것만 같다. 이 좋은 토요일 오후 사람들은 다 어디로 간 것일까? 아마 우리 둘만의 무대를 만들어 주려고 미리 자리를 피해주는지도 모른다. 아무도 오지 않는 호젓한 산길을 아내와 마음을 주고받으며 더없는 행복감에 젖어 든다.

아내의 등에 짊어진 배낭을 빼앗아 내가 매었다. 그리고 시조를 읊었다. '이고 진 저 늙은이 짐 벗어 나를 주오. 나는 젊었거니 돌인들 무거울까? 늙기도 설워라 거든 짐을 조차 지실까?' 하고 읊었더니 그럼 날 할머니 취급하는 거냐고 아내가 눈을 곱게 흘기며 웃는다.

아내는 나보다 다섯 살이나 아래다. 오히려 아내가 할아버지와 산다고 푸념인데 내가 그렇게 읊었으니 아내의 눈총을 받아도 싸다는 생각을 하며 함께 웃었다.

한참을 걷는데 약간 가파른 길이 나타났다. 나는 그동안 운동도 하고 체력관리를 해온 터라 단숨에 올라가는데, 아내가 웬일인지 무척이나 힘들게 걷고 있는 것이 아닌가? 함께 살면서도 아내가 그렇게 힘들어하는 것을 처음 느꼈다. 무엇이 그렇게 아내를 힘들게 하는 것일까? 곰곰이 생각해 보았다. 아내는 몸이 안 좋아서 수술을 받은 적이 있다. 그렇다면 그 수술 후유증으로 그러는 것일까? 여기까지 생각이 미치자 갑자기 서글픔이 밀려오기 시작했다.

아내는 나 때문에 그렇게 힘들어하는 것만 같았기 때문이다. 교도관 생활을 하는 나한테 시집와서 젊은 시절에는 갑부 을부 2부제 야근을 하며 독수공방으로 살게 했고, 나이 들어서는 이곳저곳 떠돌며 주말부부로 살아 아내를 힘들게 했다. 나와 같은 직장 동료 한 사람은 고등학교 시절 연애를 하다가 바로 결혼으로 이어져 벌써 아이들을 다 키워 분가시킨 사람도 있는데, 우리는 결혼도 늦게 해서 회갑을 눈앞에 두었고 남매는 이제야, 대학생이다.

원룸에서 생활하는 아이들을 돌보며, 또 주말부부로 살아가기 때문에 나 혼자 사는 것이 못 미더워 가끔 와서 챙겨주고 가는 고마운 아내! 그렇게 바쁘게 살다 보니 아내의 몸은 망가질 대로 다 망가져서 결국은 수술을 받아야 했고, 또 그렇게 힘들어하는 아내가 애처롭기만 하다. 한없이 마음이 좋기만 한 아내, 그 아내에게 나는 가끔 어리광을 부려보기도 한다.

한참을 그렇게 걷다가 우리는 부부 무덤으로 보이는 바로 옆 잔디밭에 나란히 앉았다. 산책길에 마시는 커피 맛을 만끽하기 위해서다. 저 부부는 젊어서 얼마나 정답게 살았기에 죽어서도 저렇게 나란히 누워 무슨 이야기를 나누는 것일까? 아내는 갑자기 무덤을 보더니 하는 말이 내가 죽거든 화장을 해서 고향산천에 뿌려달라고 하는 것이 아닌가? 자식들 귀찮게 하기 싫고, 흔적을 남기기도 싫다는 것이 아내의 주장이다.

난 그것만큼은 안된다고, 완강하게 이야기한다. 우리는 벌써 가족납골묘를 만들어 두었으니 그곳으로 함께 가야 한다고 말이다. 그런데 이 좋은 날 우리는 왜 갑자기 죽음을 생각하는 것일까? 부부 무덤 때문에 그렇게 된 것 같아 얼른 커피를 마시고 자리를 뜨기로 한다. 일어서 나오려는데 부부가 함께 우리 부부에게 '잃어버린 물건 없이 안녕히 가세요'라고 인사하는 것 같다. 잠깐 왔다 가야 하는 인생길, 돌아가야 하는 그 길은 모든 것을 다 잃어버리고 가는 것이 아닌가?

힘들게 걷는 아내의 손을 잡고 걷는다. 맞잡은 손이 거칠어 안타깝기만 하다. 이제 내가 더 열심히 살아서 고생한 아내의 마음을 풀어주어야 하리라 생각해 본다. 젖은 짚단을 태우듯이 살아온 아내에게 더욱더 뜨거운 사랑을 주리라. 앞으로 정말 마음고생시키는 일은 추호도 하지 않으리라. 남은 내 인생 한마음으로 그렇게 정답게 보내야 할 것만 같다.

여름이면 우거지는 숲이 되고 겨울이면 냉랭한 찬바람을 함께 막아내는 오늘의 산책길처럼 그렇게 살고 싶다. 이제는 아내의 일도 내가 도와야 하겠다고 생각해 본다. 아내가 지쳐서 쓰러지면 난 어떻게 할 것인가? 따뜻한 마음으로 아내를 감싸 안으리라. 애처롭기만 한 아내를 생각하며 오늘 산책길은 그렇게 많은 것을 느끼며 한마음이 되는 소중한 시간이었다. 이제 또 이 길을 찾을 때는 아내가 콧노래를 부를 수 있게 하리라. 다짐해 본다.

──── 강릉교도소 시절

　강릉교도소는 내 마지막 직장이다. 왜냐하면, 강릉교도소 복지지원 과장으로 정년 퇴임했기 때문이다. 홍성교도소가 내 첫 직장이라면 강릉교도소는 마지막 직장이다.
　강릉교도소는 내 고향 해남과 많이도 닮았다. 자생하는 대나무가 있고, 자생하는 감나무가 있기 때문이다. 기후도 내 고향 해남과 같이 따뜻한 남쪽 나라처럼 겨울이 따뜻하다. 강릉교도소에서 내가 맡은 업무는 복지지원 과장으로 강릉교도소 살림을 도맡아서 해야 한다. 강릉교도소 시설은 물론 수용자와 직원들의 후생 복지에 이르기까지 모두가 다 내 책임으로 꾸려나가야 한다.
　강릉에서 삼 년 동안은 그렇게 분주하게 바쁘게 보내야 했다. 주 5일제 근무도 맛보며 살았다. 주말만 되면 경기도 의왕의 내 집으로 가야 한다. 왜냐하면, 주말부부이기 때문이다. 강릉은 참으로 좋은 곳이다. 경치도 좋을 뿐만 아니라 바다 구경을 실컷 할 수 있어서 더욱더 그렇다. 회식할 때면 횟집에서 주로 하는데, 광어회며 우럭회며 회를 실컷 먹을 수 있어서 좋았다. 주문진 구경도 정동진 구경도 강릉이 아니면 어떻게 그렇게 자주자주 구경할 수 있었겠는가?

그래서 나는 강릉이 좋았다. 강릉 사천에 가서 직원들과 막 잡아 올린 양미리를 구워 소주잔을 기울이던 추억은 영원히 잊을 수 없는 추억이다.

세월은 빠르다. 덧없이 흘러간다. 어느덧 내가 정년이 되었다. 정년퇴임식 하던 날을 나는 잊을 수가 없다. 퇴임 소감을 이야기하고 기념 촬영을 하고, 덧없이 흘러간 세월을 아쉬워하며 나는 내 평생직장이던 교정직 교도관 생활을 마감하고, 내 가정이 있는 아내와 아이들이 있는 내 집으로 돌아와야 했다.

다시 그리운 강릉교도소 시절! 다시 올 수 없는 그 시절이 그립다. 삼십여 년 넘게 이어온 내 교도관 시절! 이제는 한도 미련도 없다. 얼마나 다행한 일인가? 건강하게 맡은 바 임무를 다 마쳤으니 하나님께 감사기도를 드려야 한다. '하나님! 감사합니다. 내가 이 세상 떠나는 그 날까지 하나님을 찬송하며 살게 하소서!' 강릉교도소 시절 '숲속의 작은집'을 발표하였고 강릉교도소 정년 퇴임 후 의왕시 삼동 우성5차아파트에서 살아가게 되었는데, 바로 옆에 왕송 호수가 있어 산책하며 수필을 쓰기도 하였다. 그래서 그때 발표한 수필들을 여기에 싣는다.

숲속의 작은 집

나는 우리 강릉교도소를 '숲속의 작은 집'이라고 부른다. 대개 교도소를 은어로 큰집이니 하얀 집이니 하는데, 왜 작은 집이라고 해야 하는가? 그도 그럴 것이 전국 대도시에 있는 큰 교도소는 수천 명씩 수용하는 엄청나게 큰 규모이건만 이곳 강릉은 현재 3~4백 명을 수용할 수 있을 정도로 작은 곳이기 때문이다.

내가 이곳에 첫발을 내디딘 것은 작년 이맘때 한여름의 열기가 후끈거릴 때다. 외정문을 들어서며, 단풍나무와 벚나무가 양쪽 길가에 울창하게 숲이 우거져, 지금은 진초록이지만, 가을이 와서 단풍이 들고 또 새봄이 와서 벚꽃이 피면 그 얼마나 아름다울까? 하고 상상의 나래를 펴면서 들어왔었다.

그런데 내가 상상한 그대로 들어맞았다. 내가 부임하던 그해 가을 양쪽의 단풍은 곱게 물들어 가을의 정취를 더해주고, 대나무와 감나무가 어우러져 고향의 정취를 그대로 연출하는데, 인색함이 없었다. 한없이 푸르기만 한, 가을 하늘 서울에서 이런 하늘을 보는 것은 일 년에 불과 한 달 정도라고 들었는데, 가을 내내 푸른 하늘과 밤하늘을 수놓는 아름다운 별빛이 탄성을 발하게 한다.

다시 새봄이 왔다. 춘천에서 근무할 때 그토록 기다리던 봄! 그러나 잠깐 왔다가 바람처럼 사라지는 봄의 훈풍을 이곳 강릉에서는 지루하리만치 오래도록 간직할 수 있어서 좋았다. 외정문 들어오는 길가 양쪽에 심긴 벚꽃이 아름다운 자태를 드러내 놓고 가슴을 울렁거리게 했다. 겹벚꽃은 왜 그렇게 몸도 가누지 못할 정도로 꽃이 피는 것일까? 가지가 휘어질 지경까지 꽃이 피어 오가는 사람들의 마음을 송두리째 흔들어 놓는다.

꽃들이 만개해서 시들 무렵 바람에 흩날리는 꽃비를 맞으며 걷던 추억을 잊을 수가 없다. 진달래꽃을 노래한 김소월은 '사뿐히 즈려밟고 가시옵소서' 하고 노래했는데, 정말 나도 아름다운 꽃비를 맞으며, 출소하는 사람들에게 안녕히 가시라고 노래하고 싶어진다. 다시는 오지 말아야 할 곳이 이곳이기 때문이다.

내가 부임하고 나서 이곳 숲속의 작은 집에도 변화가 있었다. 미결 수용실이 비좁아 증축공사를 하여 최신 건물로 탈바꿈하고 흡사 새 아파트 거실처럼 그렇게 완공을 하여, 수용할 수가 있어서 우리 교도소의 첫 경사라 아니할 수 없다. 물론 교도소를 짓는 것이 좋은 일은 아니지만, 그러나 밀집 수용을 해소할 수 있어서 너무나 좋았다.

또 교도소 주벽이 그 옛날 지을 때 정사각형의 땅을 허가 받을 수 없는 처지여서 마름모꼴이 되어 비정상적이었는데, 주벽을 헐고 바로잡아 정사각형으로 개조해 놓으니 보기에도 좋을 뿐만 아니라, 미결수용자들 운동장이 한없이 넓어져서 좋았다. 내가 우리 한국수필작가회 회장을 하며 동인지를 '마당 넓은 집'이라고 했는데, 바로 우리 강릉교도소가 마당 넓은 집이 된 것이다.

이제 이곳에서 사계절을 보내며, 한없는 정감을 느낀다. 내가 이곳에 와서 그런 것일까? 폭설로 유명한 이곳 강릉에 폭설다운 눈이 내리지 않고 겨울의 정취를 느낄 정도로 그렇게 눈이 내리고 한겨울을 연출하던 눈은 봄눈 녹듯이 사라져 화장을 지우는 여인을 느끼게 한다. 그뿐이 아니다. 내가 오기 전에 이곳 강릉은 폭우로 한여름 몸살을 앓아야 했었는데, 비가 오면 여인의 속삭임처럼 그렇게 조용히 생각에 젖어 들게 한다.

그뿐인가? 내 사무실에 연통을 설치하기 위해 뚫어놓은 곳에 아름다운 산새가 와서 '찌르르 찌르르' 하고 고운 음악을 연출해서 온통 그 아름다운 새소리에 직원들도 함께 환호했는데, 그렇게 아름답게 울던 산새가 어느 날 갑자기 자취를 감춰 얼마나 서운했는지 모른다. 그런데 이제 그 아름다운 산새가 내가 거처하는 관사에 와서 아침이면 음악을 들려주어 아침을 깨우는 역할을 하고 있다. 외로운 내 침실로 찾아와 우는 아름다운 산새! '찌르르 찌르르' 오늘 아침에도 산새는 울었다. 산새가 좋아 나는 아침이 참 좋다. 흥겨운 산새의 노래를 들으며 아침을 시작하는 것이다.

이곳 강릉에서 느끼는 감정은 아름다움 바로 그것이다. 강릉의 사계가 그렇고 한없이 아름답게 어우러진 자연의 경관이 그렇다. 조금만 나가면 바닷가! 출렁이는 파도 소리를 들을 수가 있어서 좋다. 한여름의 해수욕장에서 느끼는 감정도 좋지만, 겨울 바다를 찾는 것은 더없이 아름다운 추억을 연출할 수가 있어서 좋다.

그토록 아름다운 이곳에 사는 사람들과 이곳을 거쳐 가는 사람들 모두에게 행운이 있기를 기원해 본다. 출소하는 사람들도 다시는 이곳을 찾는 일이 없도록 모두가 불꽃처럼 살다가는 인생길이 되기를 기원해 본다.

나 자신도 아름다운 이곳을 찾아왔으니 더욱더 아름다운 일들이 터질 것으로 생각해 본다. 언젠가 나는 또 이곳을 떠나가야 한다. 그때는 나도 그곳이 아름다웠노라고 그리고 그곳에서 나는 최선을 다했노라고 이야기할 수 있기를 기대해 본다. 아름다운 이곳 강릉을 떠올리며 회심의 미소를 지을 수 있을 때까지 더 열심히 살아가리라.

음치 블루스

요즈음 트로트 노래에 풍당 빠져 산다.

핸드폰에도 트로트, 컴퓨터에도 트로트, 카세트테이프도 트로트,

노래를 듣는 것도 좋아하지만, 노래를 부르는 것도 좋아하게 되었다. 인터넷 유튜브라는 게 있어서 그곳에 가사 제공 가요가 많기에 노래방처럼 그 노래를 따라 부르는 재미가 여간 쏠쏠하지 않다.

다행인 것은 마이크를 설치했는데, 마이크 성능이 상당이 좋다는 점이다. 항구 노래 메들리부터 시작해서 동영상 트로트 가요라면 모두 다 섭렵하고 있다. 그런데 옆에서 듣는 아내가 문제다. 내 노래만 나오면, 머리가 아프고 멀미를 한단다. 그도

그럴 것이 시도 때도 없이 불러대는 내 노래는 거의 발악을 하는 경지에 이르게 되었으니 그렇다.

그런데 타고난 음치는 아무리 노력을 해도 개선될 기미가 보이질 않는다. 오죽하면 요즈음은 성형수술을 해서 성형 미녀들이 많은 세상인데, 내 성대 성형수술을 해서 고 배호 가수라던가 남인수 가수 목소리처럼 목소리 성형을 하면 안 되겠냐고, 아내에게 하소연했더니 아내가 하는 말, '생긴 대로 사세요.'다.

가수들처럼 노래를 잘하면 얼마나 좋을까?
내가 만약 가수라면 미녀들의 춤사위에 맞추어 무대에서 그렇게 노래할 수 있다면 얼마나 좋을까?
그 누가 곰 녹음기를 설치해 줘서 곰 녹음기에 내 노래를 녹음해서 들어보니 그런대로 괜찮은 것도 같았는데, 요즈음은 곰 녹음기가 어디로 가버리고 다시 설치하려 해도 무슨 보안 설치 문제로 설치가 되질 않는다. 그리하여 하는 수 없이 알쏭 녹음 기능을 이용해서 들어보는데, 알쏭 녹음은 마이크로 내가 부른 노래만 녹음되지 곰 녹음기처럼 컴퓨터에서 제공하는 노래 반주까지는 녹음이 되질 않으니 도무지 실감이 나지를 않는다.

곰 녹음기를 다시 설치해야 하는데, 이것 참 최대의 고민거리가 생겼다. '아! 곰 녹음기여! 다시 한번! 미워도 다시 한번!'

아내도 결국은 승복을 해서 실컷 부르라고 한다.

그리하여 점심을 먹고 바로 노래를 시작해서 밤 연속극 시작할 때까지 내 노래는 계속된다. 밤을 지새워 노래하고 싶지만, 방음장치가 잘 되어있지 않은 현대 아파트에서는 불가능이다. 안면방해라고 신고하면 경찰서에 끌려갈 수도 있기 때문이다.

어떻든 알쏭 녹음기도 좋다. 오늘도 내 노래는 계속 흘러가고 있다. 아마 내 목숨이 다 끝날 때까지 내 노래는 계속될 것이다.

아 흘러간 옛 노래여! 음치의 내 노래여! 언제쯤 나는 그렇게 노래를 잘할 수 있을까?

오늘도 흘러간다. 내 노래는 항구 노래로부터 시작해서 계속 흘러갈 것이다.

── 봄을 기다리는 사람들

봄을 기다리는 사람들이 있다. 애타게 봄을 기다리는 사람들은 교도소 사람들이다.

40여 년 전 홍성교도소 초임 시절이 주마등처럼 떠오른다. 내가 처음 배명을 받아 홍성교도소에서 감시대 근무를 했다. 전국 교정 시설에서 가장 높은 곳에 위치한 홍성교도소 제2감시대!

망루의 고독이라 불렸던 감시대 근무! 겨울이면 19공탄 연탄불로 몸을 녹이며 근무를 했다. 연탄불이 활활 타오르면 그나마 추위를 견딜 수 있으련만 연탄을 갈고 나면 얼마나 추운지 추위에 몸을 떨어야 했었다. 그래서 봄을 애타게 기다리지 않으면 안 되었다.

내 고향은 전남 해남이다. 따뜻한 남쪽나라 전남 해남에서 낳고 자란 내가, 산 설고 물 설은 홍성 땅의 겨울 추위와 싸워야 했던 홍성교도소 시절!

담안에 수용된 수용자들은 더욱더 봄을 애타게 기다린다. 손발이 빨갛게 추위와 싸우면서 축구공을 한 개라도 더 많이 꿰매야겠다고 발버둥 치던 홍성교도소 공장 수용자들! 교도소 수용자들에게 겨울은 고통이고 쓰라림이다.

지금은 그렇게 축구공을 꿰매는 일이 없지만, 내가 근무하던 그 시절에는 그랬다. 그리고 나는 청송교도소 시절을 잊을 수가 없다. 청송 바람으로 유명한 청송교도소! 겨울이면 귀신 바람이라고 해야 하는 매서운 청송 바람! 겨우내 그렇게 불어대던 청송 바람!

청송 바람과 함께 맞서 싸우며 겨울을 이겨내야만 했었다. 고향에서 무화과나무 두 그루를 가져다가 보안과 사무실 앞 화단에 심은 적이 있다.

봄이면 잎이 피어나고 고향 꿈을 간직하며 자라나지만, 겨울이면 매서운 청송 바람에 고향 꿈도 송두리째 앗아가던 청송 바람!

내가 가져다가 심은 무화과나무는 다시 살아나기 위해 새봄을 애타게 기다린 것이 아닌가?

무화과나무보다도 더 나는 새봄을 애타게 기다리지 않으면 안 되었다. 겨울 추위를 못 견디는 내가 아니었던가?

전국에서 가장 애타게 봄을 기다리는 곳이 있다면 강원도 춘천교도소 사람들이라고 해야 한다. 춘천은 혹독한 추위 속에 겨울을 보내야 한다. 그래도 소양강 물안개 하며 눈꽃이 겨울 속의 낭만을 느끼게 하기도 한다.

춘천의 봄은 짧다. 개나리꽃이 피었는가 하면 어느새 봄은 자취를 감추고 여름이 온다.

그런데 이제 그 짧기만 한 새봄도 실종이란다. 내가 그렇게 애타게 기다리던 봄이 실종이란다. 교도소 수용자들이 그렇게 애타게 기다리던 봄이 실종이란다.

그렇다 봄의 실종을 선고한다. 금년 봄은 더더욱 그렇다. 대동강 물도 풀린다는 우수에 영하 10도의 강추위라니 봄은 도대체 어디로 가버린 것일까?

내가 그토록 기다리던 봄, 교도소 수용자들이 그렇게 애타게 기다리던 봄!

그 봄이 실종이라니 어디 가서 새봄을 찾아야 한단 말인가? 나는 그래도 애타게 봄을 다시 찾아야 하겠다. 실종된 봄을 다시 찾아야 하겠다. 애타게 기다리던 봄을 찾아서 봄을 기다리는 사람들에게 봄을 선사하고 싶다.

봄이여 새봄이여 내가 애타게 기다리던 봄이여! 나는 다시 새봄의 품에 안겨보리라. 빼앗긴 내 꿈을 다시 찾아오리라. 그래서 나는 오늘도 산천을 헤매며 실종된 봄을 찾아 거리를 누빈다.

8부   콩밥 그리고
      가다 밥

─── 콩밥 그리고 가다 밥

　교도소에 가면 콩밥 먹는다. 그 말은 이제 흘러간 옛 노래가 되고 말았다. 이제는 교도소에 가도 콩밥을 먹지 않는다. 왜냐하면, 콩밥은 일제강점기 때 잔재라 해서 없어져 버렸기 때문이다.

　1970년대 정확히 1977년 내가 떠꺼머리 노총각으로 직장 초년생이 되어 충남 홍성교도소에 첫 발령을 받았을 때만 해도 교도소에서 콩밥을 배식했다. 그뿐인가? 가다 밥이라고 해서 밥을 벽돌 찍듯이 해서 배식을 했었다.

　등급에 맞추어서 1등급부터 5등급까지 차등이 있도록 양을 조절해서 배식했기 때문이다. 가다 밥이라는 말은 일본어가 어원인데 우리말로는 틀 밥이라고 해야 한다.

　이제는 콩밥도 가다 밥도 찾아볼 수가 없다. 콩을 넣지 않을 뿐만 아니라 자유 배식이 되었기 때문이다.

수용자들에게 콩밥을 먹인 이유는 사실상 인간에게 필요한 영양분을 공급할 수 없었기 때문이다. 장기간 수용 생활하다 보면 각기병에 걸려서 출소할 때 걸을 수도 없는 상태로 갈 수 있기에 영양소를 공급하기 위해 콩을 넣었는데, 지금은 콩이 아니라도 충분한 양의 영양분을 공급할 수 있게 되었기 때문에 콩을 넣지 않게 되었다.

세월이 많이도 흘러갔다. 내가 30년 넘게 교도관으로 근무하고 퇴임한 지도 벌써 십수 년이 되었기 때문이다. 나는 격동의 세월을 교도관으로 근무했고, 그 격동의 파노라마가 펼쳐지는 현장에서 몸으로 부딪치며 근무를 했다.

서울구치소 미문화원 사건으로부터 시작해서 건국대 시위 사건이며 그때마다 시위 현장에서 연행된 시국사범들과 함께 교정현장에서 근무해야 했다.

내가 직장 초년생 때만 해도 교도소는 절도범이 대다수를 차지했었다. 그래서 교도소 은어로 수용자를 도둑놈이라고 했었나 보다. 이제는 몰래카메라의 덕분으로 절도범이 많이 줄어들고 폭력, 사기, 성범죄들이 그 자리를 차지하고 있다.

유전무죄 무전유죄를 외치던 때도 흘러간 옛 노래가 되고 말았다. 지금은 지위고하 빈부귀천을 가리지 않고 교도소에는 누구나 들어갈 수 있고, 그래서 우리 교정행정이 놀랍도록 변화하지 않으면 안 되게 되었다.

이제 나는 교정현장을 떠나와 지켜보는 사람이 되었다. 교정시설도 이제 모두가 새 건물로 바뀌고, 직원 복장도 더 세련되어 어디에 내어놓아도 손색이 없는 직장이 되었다. 참으로 어려운 시절 교도관 생활을 감당해야 했었던 나 자신이 조금은 푸근한 마음이 되는 것은 내가 몸담았던 교정현장이기 때문이다.

앞으로 더욱더 놀랍도록 발전에 발전을 거듭해서 우리나라가 범죄가 없는 나라 살기 좋은 나라가 되기를 두 손 모아 기도해 본다.

뺑끼통 시절

교도관으로 정년 퇴임한 지 어느덧 20여 년이 되어가니 세월이 쏜살같이 흘러가고 있다고 해도 과언이 아니다.

교도소 이야기하면 그래도 칠통 육조지 삼체 이야기를 하지 않을 수 없다. 왜냐하면, 그 시절이 다시 그립기 때문이다. 육조지는 "순사는 때려 조지고, 검사는 불러 조지고, 교도관은 세어 조지고, 판사는 미루어 조지고, 죄수는 먹어 조지고, 마누라는 팔아 조진다."라는 재미난 이야기다. 칠통은 식구통, 밥통, 물통, 뺑끼통, 환기통, 패통, 꼴통이고 교도소에서 처세는 삼체인데, 몰라도 아는 체, 없어도 있는 체, 못난 게 잘난 체하는 것이라고 하니 아마도 그 삼체는 일반 사회에서도 풍자되고 있는 말이 아닌가 한다.

칠통은 밥 받아먹는 식구통, 대소변 보는 뺑끼통, 교도관 부르는 패통, 공기 들어오는 환기통, 물 받아 두는 물통, 교도관들이 감시하느라 들여다보는 시찰통, 심술궂고 사고뭉치 죄수들을 일컫는 꼴통이다.

지금은 화장실이 다 수세식으로 개조되어 있지만, 내가 근무하던 현저동 101번지 서대문형무소라 불렸던 서울구치소 시절만 해도 뺑끼통이 있었다. 뺑끼통은 화장실의 교도소 은어인데 페인트의 일본식 발음이 뺑끼라는 데서 나온 말이다. 왜냐하면, 페인트를 담는 드럼통을 두 개로 잘라서 만든 변기이기 때문이다.

수용자들이 뺑끼통에 배설을 하고 구내 청소부가 수거해서 버려야 하는 아주 열악한 화장실이 뺑끼통 화장실이다. 지금은 모두 다 사라지고 흘러간 옛 노래가 되었다. 수세식 화장실로 개조가 되고 서대문형무소라 불렸던 서울구치소도 1987년 11월 15일 의왕시 포일동 신설 구치소로 옮겨갔는데, 또다시 이전해야 한다고 하니 참으로 격세지감을 느끼지 않을 수 없다.

내가 현저동 101번지 서대문형무소라 불렸던 서울구치소에서 근무할 때만 해도 제5공화국 시절이었고, 미문화원 농성 사건 건국대 시위사건 등 시국사범들이 수용되어 반정부 구호 제창을 하고 소란행위가 비일비재해서 그것을 제지하는 교도관과 소란행위를 하는 수용자들 때문에 참으로 어려움이 많았다. 목숨을 걸고 투쟁하는 수용자들 그리고 교도소에서는 정숙을 유지해야 한다는 교도소 규율 때문에 그들을 제지해야 하는 교도관과 때로는 마찰을 빚기도 했다.

그런데 소란행위를 하고 그를 제지하는 과정에서 뺑끼통 배설물 투척으로 온몸에 배설물을 뒤집어쓰기도 했다. 참으로 세 번씩이나 오물 세례를 받은 나는 얼마나 스트레스가 쌓이는지 퇴근해서는 그냥 소주를 두어 병 마시고, 그 스트레스를 풀어내지 않으면 안 되었다. 퇴근도 할 수 없어서 팬티도 갈아입을 수 없었던 그 시절! 꿈에 똥벼락을 맞으면 대박을 한다는 말이 있는데 나는 꿈이 아닌 현실로 그렇게 되어서인지 아직 대박을 터트리지 못하고 있다.

세월이 흘러 민주화 시절이 되었으니 다 흘러간 그 옛날이 되고 말았다. 참으로 어려웠던 뺑끼통 그 시절이 지금도 그리워지는 것은 보릿고개가 있던 어릴 적 고향 생각처럼 추억으로 다가오기 때문이 아닌가 한다. 다시 그리운 뺑끼통 그 시절이여!

── 장수 사진

 장수 사진을 찾아왔다. 장수 사진이라고 했지만, 사실상 내 영정사진이다. 장수 사진이라고 한 것은 아내가 붙여준 이름이다. 장수 사진의 내 모습은 환하게 웃고 있다. 무엇이 그렇게 좋아서 환하게 웃고 있을까?
 내가 이 세상을 떠나는 그 날 내 장례식장을 지켜 줄 영정사진! 그 영정사진이 그렇게 환하게 웃고 있다. 그렇다. 내가 떠나는 그 날 나는 그렇게 환하게 웃으며 가려고 한다.
 고고지성을 발하며 이 세상에 태어난 내가 아닌가? 그 울음이 변하여 웃음이 되었으니 그 얼마나 다행한 일인가? 그렇다. 웃어야 한다. 웃을 일이다. 내가 이 세상에 태어나 지금까지 살아오면서 그 얼마나 신나게 살아왔는가 말이다. 후회도 원망도 없다.

다시 태어나도 나는 꼭 그렇게 살고 싶다. 나는 내 삶을 사랑한다. 나처럼 그렇게 재미나게 인생을 살아온 사람이 그 누구일까? 아무도 없을 것으로 생각한다.

그래서 부랴부랴 장수 사진 아니, 영정사진을 만들었다. 칠순을 넘기고 이제 이 세상을 떠나야 할 준비를 할 수밖에 없으니 내가 떠나는 그 순간이라도 내 마음에 맞는 사진으로 장식해야 하지 않겠는가? 환한 웃음으로 피어난 내 영정사진 말이다.

갑자기 영정사진을 준비하게 된 사연이 있다. 처가의 장모님께서는 올해 102세를 맞으셨다. 지금도 건강하시다. 처가에는 딸이 다섯이다. 당연히 사위도 다섯이다. 맨 첫 번째 사위가 49세의 젊은 나이에 저세상으로 간지 40여 년이 되어간다.

그런데, 금년 1월 초, 맨 마지막 사위가 65세를 일기로 저세상으로 갔다. 너무나 갑자기 당하는 일이어서 어안이 벙벙하고, 슬픔 속에 장례를 지내야 했다. 장례를 치르고 와서 느낀 것은 칠순을 넘긴 나에게도 그렇게 죽음이 갑자기 찾아올 수 있다는 생각이다. 그리하여 내가 이 세상을 떠나는 순간이라도 멋지게 웃으며 가야 하지 않겠는가? 그래서 마련한 영정사진! 나보다 다섯 살이나 아래인 아내는 웃으며 장수 사진이라고 더 오래오래 사시라고 한다.

그렇게 아내 말대로 더 오래오래 살게 될지 지금 곧 떠나야 할지는 아무도 모른다. 그렇다. 언젠가는 나도 가야만 한다. 신년 벽두부터 들려오는 부음들이 내 발걸음을 재촉하는 것만 같다.

　함박웃음으로 살아온 내 인생 이제 그 무엇도 더 바랄 것이 없다. 돈도 명예도 그 무엇도 미련 없이 남겨 두고 떠나야만 한다. 다시 한번 더 내 영정사진을 본다. 환하게 웃고 있다.

　나 웃으며 가리라. 더이상 미련 없이 떠나야 하리라. 이 세상 함박웃음이 너무나 행복하였다. 마지막 그 한 마디 남기고 가리라.

해남! 내 고향!

내 고향은 해남이다. 전남 해남이다. 이력서도 프로필도 해남 출생이다. 나는 내 고향을 자랑하고 싶다. 따뜻한 남쪽 나라 내 고향 해남이 아닌가? 해남에서도 계곡면 당산리가 내가 자란 내 고향이다.

얼마나 산으로 둘러싸였으면 계곡면이라는 지명이 붙었을까? 앞에는 서기산 옆에는 흑석산 뒤에는 메마봉, 꿩베미산, 높고 낮은 산들로 둘러싸인 내 고향 해남! 나는 산수화의 병풍을 좋아한다. 왜냐하면, 내 고향이 산수화의 병풍처럼 산으로 둘러싸인 곳이기 때문이다. 봄 여름 가을 겨울, 철 따라 바뀌는 산골 풍경이 그 얼마나 아름다운 것인지 모른다.

그래서 나는 산을 좋아한다. 어린 시절 거의 산에서 살다시피 하지 않았던가? 도라지를 캐러 다니고, 잔대라고 불리는 딱주를 캐어다가 나물로 무쳐 먹기도 했다. 그뿐인가? 더덕도 캐고 봄이면 고사리도 꺾으러 다녔다.

정월 대보름이 지나고 나면 음력으로 2월 1일 하드레 날이 돌아온다. 그날은 칡과 콩을 먹어야 한다고 해서 어린 시절 칡을 캐러 다니고, 콩을 볶아 함께 먹으며 어린 시절을 보냈다.

내가 어릴 적만 해도 땔감으로 나무를 사용했다. 그래서 소나무 잎이 갈잎 되어 떨어져 내린 것을 모은 갈퀴나무, 그리고 초가을에 거두어 겨울을 준비하는 철 나무도 했다.

초가을부터 야산에 계속해서 나무를 베었다가 햇볕에 마른 나무를 묶어서 짐 지고 내려와 나무 베늘을 만들어 겨울이면 땔감으로 사용했다. 나무 베늘은 나뭇단을 높이 쌓아 모아 눈비가 맞지 않게 짚으로 덮어두었다가 사용하는 것을 말한다.

그렇다. 고향은 그렇게 어린 시절의 추억이 깃든 곳이어서 좋다. 어린 시절의 추억이 없다면 그것은 고향이 아니다. 아카시아 바탕이라고 불리던 시냇물 흐르는 그곳이 여름이면 해수욕장처럼 그렇게 발가벗고 들어가 물장구치고 놀던 어린 시절이 있어서 그렇게 고향이 좋은 것이 아닌가?

그뿐이 아니다. 늦은 봄 청보리가 익어갈 때 그 보리를 한 움큼 베어내어 도닥불에 구워서 비벼 먹으며 입과 얼굴이 시커멓게 되었던 그 시절이 다시 그립다.

뽕나무 위에 올라가 오디를 실컷 따먹으면 입술이 요즈음 처녀들 루주 바른 것처럼 되어 서로 바라보며 웃음을 자아내던 그 시절! 다시 올 수 없는 그 시절이 다시 그립다.

산이 좋아서 산에서 사노라네 김소월 시구처럼 나는 산이 좋아서 산에서 살아가는 산 사람이었다. 그래서 직장생활을 할 때도 산악회에 가입해서 전국의 명산을 등산하지 않았던가?

지리산 천왕봉, 해남 두륜산 정상, 영암 월출산 천왕봉, 남해 금산, 춘천 팔봉산, 제주도 한라산 강원도 설악산까지 두루 다니며 구경을 하지 않았던가?

내가 춘천교도소 당직 계장으로 근무할 때다. 직원들을 이끌고 팔봉산에 등산하러 갔었는데, 직원들을 통솔해야 할 내가 길을 잃어서 직원들에게 실수한 일들이 추억으로 떠오른다. 그때 길 잃은 나를 기다리던 직원들의 그 표정이 지금도 웃음을 멈출 수 없게 만든다.

나는 지금도 산이 좋다. 고향이 좋다. 산은 산이요 물은 물이로다. 어찌 내 고향이 산 뿐이겠는가? 봄이 오면 자운영 들판으로 온통 붉게 물들이던 고향의 봄! 종달새 지저귀던 고향의 봄이 있기에 나는 고향을 좋아한다.

내가 돌아가야 할 곳도 고향의 산기슭에 자리하고 있다. 산이 좋아 산에서 사노라네 나도 그렇다. 언젠가는 내가 돌아가야 할 내 고향 해남! 아직도 이 세상에 미련이 남아 멀리 두고 그냥 바라만 볼 뿐이다. 오늘이고 내일이고 그 어느 날 나 내 고향 해남으로 돌아가리라! 산들이 병풍처럼 둘러싸인 내 고향 해남으로! 흑석산 자락에 자리하고 있는 내가 누울 그곳으로 돌아가야 하리라.

열아홉 살 섬 색시 내 애마 자가용 승용차

열아홉 살 섬 색시 내 애마 자가용 승용차는 2003년 4월 16일 이 세상에 태어났다.

그리고 2021년 12월 18일 12시 39분 그 수명을 다하고 멈췄다. 열아홉 살 섬 색시 내 애마! 만으로 18세이니 랑랑 18세 내 애마다. 오일장을 치르기로 했다. 그래서 2021년 12월 22일 동짓날 장례를 치르고 동지 팥죽을 먹으며 내 애마를 잃은 마음을 달래어야 했다.

생각해 보면 18년 8개월 동안 나와 함께해 준 내 애마가 아닌가?

첫돌잔치 2004년 4월 16일에는 내가 춘천교도소 교도관으로 CBS-TV '새롭게 하소서'에 출연하여 신앙 간증을 했었다. "사형수의 발을 씻기며" 수필집을 발간하고, 그 내용을 토대로 신앙 간증을 하지 않았던가? 주말마다 아내가 있는 내 집으로 운행을 하여 강릉교도소 복지 과장으로 근무할 때도 함께 한 내 애마 자가용 승용차!

뭐니 뭐니 해도 내 애마를 타고 여름휴가 때 고향을 찾아서 내 고향 집에 갔을 때와 처가에 들렀을 때가 가장 기분 좋은 일이 아니었나 회상해 본다.

우리 한국수필작가회 회원님과는 길 위의 하룻밤 추억도 있다. 강원도 인제군 백담사 부근에서 수필 모임에 참석했을 때다. 갑자기 회원님의 아들이 다치는 사고가 발생해 부랴부랴 귀가해야 해서 함께 동승을 했는데, 지리에 익숙하지 못한 내가 엉뚱한 곳으로 차를 운행해 밤새도록 달려서 서울에 도착했던 추억이 새롭다.

내가 운전 미숙으로 접촉사고를 유발해서 내 애마를 다치게 해서 그 얼마나 미안한지 모른다. 그렇게 사고를 많이 당하고도 한 번도 멈추지 않고 잘 달리던 내 애마 자가용 승용차!

18년 8개월을 달렸으니, 그동안 수차례 경고음을 울렸으련만 무심한 나는 그 경고음을 알아듣지 못했다.

장대같이 퍼붓는 빗속을 달려야 했던 내 애마, 눈보라가 휘날리는 날 멋스럽게 달리던 내 애마, 열아홉 살 섬 색시 내 애마가 아닌가?

춘천교도소 근무 때는 내 어머니께서 위독하시다는 연락을 받고 부랴부랴 아내와 함께 달리던 내 애마, 그리고 어머니의 임종을 지키고, 장례를 무사히 치르도록 함께 했던 내 애마 자자용 승용차!

　이제 내 애마가 가쁜 숨을 몰아쉬고 드디어 수명을 다하고 멈춰 섰다. 내 애마가 갑자기 수명을 다하고 멈추는 것을 보며 우리 인생도 꼭 그렇게 가야 하는 것이 아닌가 생각하지 않을 수 없다. 나도 그 어느 날 그렇게 가쁜 숨을 몰아쉬고 내 애마처럼 멈추어야 하는 것이 아닌가?

　열아홉 살 섬 색시 내 애마를 타고 달릴 때만 해도 나는 총각 선생님이라 생각하며 달렸다. 이제 열아홉 살 섬 색시 내 애마를 하늘나라에 보내고, 나는 또다시 칠순 넘은 할아버지가 아닌가? 그래도 무심한 나는 또 새해에 새 차를 타는 꿈으로 부풀어 있다. 요즘은 새 차를 사려고 해도 출고 대기 기간이 있어서 기다리기 얼마나 힘이 드는지 모른다. 이제 나는 새 차를 신청하고 새 차를 기다리는 내 마음은 한껏 부풀어 있다.

　새해에 새 차를 타고 고속도로도 신나게 달리고, 고향길도 신나게 달리고 달려보리라! 새해에 새로운 꿈을 안고 달려보리라. 새로운 내 애마 자가용 승용차를 기다리며 그리고 떠나보낸 열아홉 살 섬 색시 내 애마와의 추억을 떠올리며 나는 오늘도 단꿈에 젖어 본다.

내 고향 문학기행

내 고향으로 수필문학기행을 간다. 한국수필가협회 수필문학기행을 내 고향 해남으로 간다고 해서 일등으로 신청을 해서 따라나서게 되었다. 이십 대에 고향을 떠나와 일 년에 한두 번 고향을 찾는 것이 고작인데, 부모님 다 돌아가시고 처가에 홀로 남은 장모님까지 작년에 103세를 일기로 건강하게 천수를 누리시고 별세하셨으니 이제 고향은 점점 더 멀어져만 가는 것이 아닌가.

그런데 내 고향으로 수필문학기행을 간다니 가슴이 뛰고 전날 밤은 잠을 설치며 흥분되어 있어서 아내에게 왜 그렇게 어린이처럼 잠도 못 자고 서두르는 거냐고 편잔을 받지 않으면 안 되었다.

사당역 1번 출구 주차장에서 아침 8시 정시에 출발한다고 하여 행여나 늦을세라 서둘러 도착을 했더니 한 시간 반을 기다려야 하게 되었다. 신청도 일등인데 도착도 일등을 찍었으리라!

나주에서 행사를 마치고 드디어 고향으로 달려가게 되었다. 나주에서 영산강을 건너고 영암 월출산을 지나게 되었다. 나는 고향이 해남이지만, 내가 사는 곳은 중고등학교가 없었기에 강진군 성전면에 있는 성전중·고등학교를 십 리 길을 걸어서 6년 동안 통학을 해야 했다.

해마다 봄 소풍은 무위사로 가을 소풍은 월출산으로 그렇게 6년이라는 세월을 월출산을 벗 삼아 살아야 했다. 그래서 더욱더 감회가 새롭다.

월출산을 지나 강진에 도착해서 김영랑 생가를 찾았다. "모란이 피기까지는" 김영랑의 시를 줄줄 외우고 다니면서도 김영랑 생가를 한 번도 방문하지 못한 내가 야속하게 느껴지기까지 했다. 더구나 강진은 처가가 있는 곳이 아닌가? 돌아가신 장모님 생각도 났다. 강진에서 다산 초당을 거쳐야 하는데 시간이 촉박해서 다산 초당까지는 다음으로 미루고 해남 땅끝 마을로 직행을 하게 되었다.

해남 땅끝 마을은 삼십여 년 전에 내가 손위 동서네와 함께 소형 승용차를 처음으로 구입해서 초보 운전으로 운전해서 차창을 열고 바닷바람을 온몸으로 받으며 달려 그때 그 추억이 떠오른다.

해남 땅끝 마을은 또 하나의 시작점이라고 해야 한다. 그래서 땅끝에서 서울로 향하면 또다시 시작하는 시작점이 되는 것이 아닌가?

강진에서 바로 해남 땅끝 마을을 방문할 때까지는 몰랐는데, 땅끝에서 다시 서울로 향하는 길목은 내가 살던 내 고향 그곳을 지난다. 내가 다니던 초등학교 그리고 언제나 한결같이 봄 여름 가을 겨울 사철 새 옷을 갈아입고 비가 오고 개이면 안개가 자욱하게 내려앉아 동양화를 연출하던 흑석산이 보이고 내가 언젠가는 다시 돌아가야 하는 그곳이 거기에 있었다.

그래서 나는 또 가슴 뛰는 감동을 맛보아야 했다. 백여 명이 넘는 회원들의 모임이지만, 질서 정연하게 이루어지는 모임이요. 또 기쁨을 한 아름 안고 오는 수필 문학기행이 우리 인생을 풍요하게 하고 또 수필의 소재를 아낌없이 남겨 두지 않으면 안 되는 뜻깊은 모임이라고 자부해 본다. 가슴 뛰는 감격 때문이다.

나는 지금도 잠 못 드는 밤을 보내고 있으니 말이다. 나는 또 언젠가는 기쁜 마음으로 수필문학 기행을 따라나서리라 다짐해 본다. 더 큰 감동의 파노라마를 맛보기 위하여!

가슴 뛰던 그 시절

　우리 한국수필작가회 초창기 모임 때 이야기다. 지금 우리 한국수필작가회 이사회의 절반이 안 되는 인원으로 시작된 모임이기에 항상 가족적인 분위기의 모임이다.
　나는 그래서 우리 한국수필작가회 모임이 있다는 소식이 들리기만 하면 가슴이 뛰고 마냥 기분이 날아갈 것만 같았다.
　그러나 나는 모임에 참석할 수 없을 때가 많았다. 왜냐하면, 교도관 생활을 하면서 격일제 근무이기 때문에 근무 일정이 잡히면 부득이 참석할 수가 없다. 근무는 하면서도 마음은 콩밭에, 가 있다. 지금쯤 무엇을 하는 것일까? 얼마나 재미가 있을까? 내가 참석하지 못한 모임일수록 더욱더 재미가 있었을 것만 같았기 때문이다.
　그런 내 실정을 알기에 모임 날짜를 정하려면 먼저 나에게 통보를 해서 내 비번에 맞추어 모임 날짜를 정하는 배려도 아끼지 않는 것이 우리 모임이기도 했다.

그러나 모임에 참석하더라도 꼭 끝날 무렵에야 나타나서 얼굴만 비추고 가는 것이 태반이다. 그도 그럴 것이 교정직 야간 근무를 하고, 인수인계를 다 마치고 나와야 하기 때문이다. 특히나 서울구치소 근무 시절에는 5공 시절 학생시위로 골머리를 앓고 있었기 때문에 빠져나올 수도 없는 형편이 아니었던가?

서울 모임이라면 그래도 내 차지가 상당히 많아서 좋았다. 지방 모임일수록 내 차지는 줄어들기 일쑤다.

초창기 지방 모임인 전주 모임 때도 밤늦은 시각에야 도착해서 정해진 숙소에 들러 잠깐 눈을 붙인다는 것이 깜빡 잠에 곯아떨어져 아침에 깨어 보니 내가 잠잔 숙소는 전주농고 동창회 모임을 위해 마련된 숙소였다. 자칫했더라면 여관비까지 추가로 부담을 해야 할 판국이다.

그런데도 주인에게 잘 쉬었노라고 정정당당하게 인사까지 하고는 꼭 도둑잠을 자고 나오는 것만 같아 '걸음아 날 살려라!' 하고 부랴부랴 뛰쳐나오던 일을 생각하면 지금도 웃음이 나온다. 그러나 나는 한 점 양심의 가책은 없다. 나는 분명히 우리 한국수필작가회 모임을 이야기하고 주인의 안내를 받았었으니까,

그날은 내가 늦잠을 잔 죄로 모임과의 연락까지 끊겨서 꼭

도둑을 쫓는 수사관처럼 모임의 행방을 뒤쫓아야 했다. 요즘처럼 핸드폰이라도 있었다면, 그런 낭패는 없었을 것이다. 어렴풋이 마이산으로 향했다는 이야기를 듣고 나도 마이산으로 무작정 떠났다. 마이산 가는 길목에 돌탑들이 참으로 인상적이었다. 아무리 마이산을 뒤져도 우리 한국수필작가회의 행방은 묘연해서 애타도록 찾아봐도 만날 길 없다.

허탈감에 젖어 하산하는데, 관광지이기 때문에 호화찬란하게 꾸민 맥줏집이 눈에 띄어 혹시나 여기 우리 한국수필작가회 회원들이 마지막 뒤풀이로 들리지 않았을까 하는 마음으로 맥줏집 안을 끼웃거리는데, 안에서 젊은 여인들 일곱 사람이 나를 잡아끄는 것이 아닌가?

자기들은 여자들만 와서 재미가 없다는 것이다. 그래서 나도 남자라고 함께 놀다가 가자고 한다. 자칫했더라면, 칠 선녀를 만난 듯, 나는 황홀경에 빠져 선녀를 따라 하늘로 올라가야만 했으리라. 그러나 나는 한사코 뿌리치며 돌아서야만 했으니. 아마도 나는 이 땅에 살아남아야 할 나무꾼인가 보다.

집에서 기다리는 아내에게 오늘 모임 잘 마치고 왔노라고 거짓말까지 하고, 아내여 미안하다. 거짓말을 밥 먹듯이 한다는 내가 또 거짓말을 했으니.

── 자운영 들판

 봄이 오면 나는 전라도 고향 땅의 자운영 들판을 생각한다.
 냇가 둑길로 연하여 피어 있는 노오란 개나리꽃이며, 뒷산에, 진달래라든가 동백꽃 등, 고향의 봄을 생각하게 하는 것이 어디 한두 가지이겠는가 마는, 이른 봄 연초록의 들판 위에 붉은 빛을 토해내던 자운영은 유달리 고향의 봄을 생각나게 한다.
 개나리와 진달래는 내가 고향을 떠나온 뒤에도 도시 근교에서 봄이 되면 흔히 보아 오던 터요, 고향의 동백꽃도 분재가 되어 내 사무실에서 쉽게 볼 수가 있다. 하지만 고향을 떠나온 뒤로 나는 아직 내가 어릴 때의 그 자운영 들판을 찾아볼 수가 없어 봄이 오면 더욱더 자운영 들판을 생각하게 하는 것인지 모른다.

 자운영 들판은 가난한 농부들 마음의 축제이기도 하다. 그리고 그것은 춥고 지루한 겨울을 이겨낸 하나의 감격이기도 했다.

자운영은 초가을에서부터 이듬해 늦은 봄까지 자라는 이년생 콩과 식물이다. 농부는 벼 이삭이 고개를 숙이려 할 무렵이면 벼 사이에 자운영 씨앗을 뿌린다. 벼를 베고 나면 이미 자운영은 연한 싹이 나와 논바닥에 달라붙은 듯이 자라나며 기나긴 겨울을 맞게 된다.

겨울이 가고 다시 봄이 오면, 자운영은 온 들판을 연초록으로 물들이게 되고, 연하게 자라는 어린싹을 잘라다가 데쳐서 된장에 무쳐 먹으면 향긋한 봄 냄새와 함께 봄의 미각을 한껏 맛볼 수가 있어서 좋았다.

먼 산에 아지랑이가 아른거리고 종달새 소리가 높아질 때면 자운영은 꽃이 피어 온 들판을 붉게 물들이고, 꿀을 찾는 벌과 나비가 날아들어 조용하기만 하던 들판은 한마당 굿판이 벌어지게 되는 것이다.

고향의 들판을 온통 붉게 물들이던 자운영! 자운영은 뿌리 혹박테리아가 있어 땅을 기름지게 한다. 그뿐인가? 꽃이 시들고 나면 이내 잎도 퇴색하게 되고 자운영은 베어내어 다시 땅의 밑거름이 되었다.

불과 며칠 동안의 울음소리를 위해, 수년을 어두운 땅속에서 번데기로 살아야 하는 매미처럼, 한때의 붉은빛을 위해 기나긴 겨울을 견뎌야 하는 자운영, 그리고 만물이 소생하는 봄에 그 생명을 마치고야 마는 것이 자운영의 운명이 아니겠는가?

아! 나는 춥다, 춥다 하며 몸부림치다가, 아! 나는 따뜻하다. 외롭지 않다고 할 때, 훌쩍 떠나가야만 하는 인생살이처럼 자운영은 이 땅에 잠깐 붉은빛을 남기고 사라져 가는 것일까?

이제는 농가에도 자운영을 심는 것을 거의 볼 수가 없게 되었다. 농가의 일손이 모자라기도 하지만, 볏짚들이 대부분 다시 논으로 들어가기 때문에 자운영을 심지 않아도 땅을 비옥하게 할 수가 있다는 이야기다.

자운영은 생장력이 강한 식물이다. 이제는 그 누가 가꾸어 주는 이도 없건마는 자운영은 논두렁에 홀로 자라 그 명맥을 유지하고, 봄이 오면 초라하게 꽃이 피어 옛날의 한 시절을 생각하게 하고 있다.

고향을 떠나 살아가는 나는 해마다 봄을 맞으며 자운영 들판을 떠올린다. 이제라도 나는 고향의 자운영 들판을 찾아가 코끝을 간질거리는 꽃향기에 취하고, 마음껏 고향의 봄 노래라도 불러 보고 싶다. 잊지 못할 내 고향의 자운영 들판이여!

아내와 함께 첫 번째 해외여행 베트남

　어느 해 아내와 함께 제주도 여행을 했다. 그리고 시월의 마지막 밤을 보낸 적이 있다. 비행기를 타고 가면서 내가 아내에게 하는 말, 이제 하늘길을 열어 놨으니 당신과 나 해외여행이나 실컷 하면서 살아갑시다.
　철석같이 약속했는데, 무심한 세월이 십여 년이 훌쩍 가버리고 말았다. 그동안 수필 모임이다. 선교 여행이다 하고 나 혼자만 다니는 해외여행! 아내는 고소공포증이 있다느니 핑계를 하며 한 번도 함께 하지 못한 해외여행이다.
　그런데 이번에는 처가 식구들과 함께 하는 여행이어서 참으로 오랜만에 아내와 함께 하는 해외여행이 되었다. 베트남 여행이다. 다낭, 호이안, 후에 지방을 두루 돌아보고 관광을 했다.
　베트남의 역사를 돌아보게 하는 옛 왕성과 불교국가라고 할 정도로 불교가 왕성한 사원들을 돌아보고 불심을 함께 할 수 있는 여행이다.

　나는 비행기 기내에서 아내의 손을 꼭 잡아 주었다. 왜냐하면, 고소공포증이 있다고 하니까 안심하라고 잡아 주었는데 아내의 손이 범상치 않다. 관절염으로 아내의 손가락 마디가 울퉁불퉁 어긋나 있는 것이 아닌가?
　꽃 같은 젊은 나이에 면사포를 쓰고 결혼을 한 내 아내! 무엇이 그렇게 아내를 힘들게 했을까? 왜 그렇게 아내는 관절염까지 앓아야 했을까? 나와 함께한 세월이 무척이나 힘들었었나 보다. 순간 아내의 손가락으로 느껴지는 감촉 때문에 눈시울을 적시지 않으면 안 되었다.

　다낭에 도착해 보니 우리나라 초겨울에 출발했는데, 이곳은 우리나라 칠월 팔월에 해당하는 날씨다. 그리고 베트남은 구름이 낮게 떠 있어서 시도 때도 없이 비가 오고 바람도 거세고, 하루에도 종잡을 수 없을 만큼 날씨가 변덕이 심하다.
　베트남 사람들의 주 교통수단은 오토바이 자전거가 대부분이다. 오토바이가 생활화되어서인지 자동차 사이사이를 수많은 오토바이가 교묘하게 잘도 빠져 다녔다.
　베트남은 우리나라 대한민국과 공감대를 형성하는 부분이 많았다. 전쟁의 아픔을 겪은 것이 그렇고 침략하는 나라가 아닌 침략을 당한 민족으로 살아온 지난날이 그렇다.

한 번도 다른 나라를 침략하지 못한 나라가 대한민국이요. 베트남이 아닌가? 내가 군대 생활할 때만 해도 백마부대, 맹호부대 등 월남전에 파병해서 우리나라와 떼려야 뗄 수 없는 인연을 가지고 있는 나라가 베트남이다.

나는 사실 베트남 사람이라고 하면 다문화 가족으로 낯설게만 느껴졌는데, 베트남 여행을 하고 보니 형제 나라라고 해도 과언이 아닐 정도로 친숙한 사이가 되었다. 관광 산업도 잘 되어있어서 좋았다. 가는 곳마다 친절하게 대해 주는 베트남 사람들! 베트남은 생기가 넘치고 있었다. 부지런한 베트남 사람들에게 꼭 좋은 일들이 일어날 것만 같다.

숙소에서 짐을 꾸려 1층 로비로 나왔는데 12월은 성탄절이 있는 달이라고 성탄절 장식을 해놓았다. 흰 눈을 장식하고 꾸며 놓았는데 이곳 사람들은 실감이 나지 않을 것 같았다. 왜냐하면, 흰 눈을 거의 볼 수가 없기 때문이다. 그러나 우리 대한민국은 어떤가, 크리스마스가 되면 화이트 크리스마스가 된다고 하지 않는가? 사계절이 뚜렷한 대한민국에서 살아가는 나는 행복을 느끼지 않을 수가 없다.

그래도 베트남은 축복의 땅이다. 지진과 태풍의 피해가 거의 없기 때문이다. 베트남을 떠나오면서 뒤돌아보고 또 돌아보고 미련이 남았다.

언젠가 내가 또다시 베트남 여행을 한다면 나트랑이랑 하노

이도 그리고 호치민도 구경해야지 다짐에 다짐을 해 본다. 베트남은 우리나라 말도 통한다. 우리나라 돈도 통한다. 참으로 좋은 베트남 여행! 나는 또다시 베트남을 찾고 싶다. 베트남 여행을 하고 싶다. 잊지 못할 베트남 여행의 그 추억들이 가슴 뛰놀게 한다. 잊지 못할 추억의 베트남 여행이여!

수련 꽃 필 때

　내가 몸담은 직장의 뜰 옆에는 조그만 연못이 하나 있다. "금계산"의 물줄기를 가느다란 수도관에 연결하여 물이 흐르도록 만들어진 연못이다.
　내가 이곳에 처음으로 배명 받아왔을 때는 초여름이었는데, 연못의 수련 꽃들이 활짝 피어 나를 반겨 주었다. 나는 수련 꽃을 처음 보는 순간, 참으로 청초하고 아름다운 꽃이라는 생각을 했다. 계절의 흐름 속에 찬 바람이 일고 수련 잎도 차츰 시들어 수련의 자취조차도 찾아볼 수가 없게 되었다.
　아침이면 연못 위에 살얼음이 얼었다가 낮이면 녹아서 물결이 바람에 흔들리곤 하더니, 아예 얼음으로 뒤덮이는 겨울이 되어 첫눈이 오고, 그리고 또 우리는 눈이 올 때마다 눈을 쓸어버릴 곳이 없어 연못 속에 퍼다 부으니 연못 위에는 겨우내 흰 눈이 쌓여 있었다.

"금계산"에서 흘러내리던 물줄기조차도 얼어붙어 침묵으로 굳어버린 지루한 겨울 동안 도대체 그 아름답기만 하던 수련은 흰 눈이 쌓인 얼음 속에서 무엇을 꿈꾸고 있는 것일까?

지루하던 겨울도 가고 봄의 입김 속에 굳었던 물줄기도 녹아서 흘러내리고 물오른 수양버들에 새잎이 피어날 때쯤, 작은 연못의 수면 위에도 수련 잎이 하나둘 떠오르기 시작했다.

수련의 잎은 누가 그 배열을 지휘하는 사람도 없건마는 자연스럽게 하나둘 떠올라 조화를 이루고, 연못을 뒤덮은 수련 잎 사이에서 수줍은 듯 피어나는 수련 꽃! 내가 또다시 수련 꽃을 보게 되었을 때, 그것은 하나의 커다란 감격이었다.

수련은 둥둥 떠가는 흰 구름과 푸른 하늘의 의미를 알고 있다. 그뿐인가? 밤이면 휘영청 밝은 달과 반짝이는 별들의 속삭임도 알고 있으리라. 물 위를 흐르는 바람과 구름과 하늘과 별, 나무의 물그림자로 꿈꾸며 자라 피어나는 수련 꽃!

겨울이면 아무것도 보이지 않던 연못의 수면 위에 봄이 되어 수련 잎이 뒤덮이고 그 잎 사이로 수련 꽃이 피어날 때면, 벌들이 윙윙거리며 꽃 사이를 넘나들어 나는 마치 한마당 굿판을 보는 느낌을 받는다.

내가 어릴 때 유랑 극단은 빈터에 가설극장을 설치하고 날라리와 피리를 불고 북장구를 두드리며 가슴이 울렁거리도록 굿판을 열리고는, 언제 그렇게 굿을 했느냐는 듯이 자취도 없이 사라져 가고, 유랑 극단이 떠나간 빈터를 바라보면 거기에는 허무와 고독이 있었다. 그리고 쓸쓸하게 불어대는 바람 소리가 있었다.

언제 어디서 왔다가 어디로 가는지도 알 수 없는 유랑 극단의 굿판을 보며 나는 무엇인가 지워지지 않는 인생의 깊은 의미를 느껴야 했다. 그렇다! 수련의 자취는 유랑 극단의 한마당 굿판처럼 인생의 깊은 의미를 느끼게 한다. 이제 또다시 수련 꽃은 시들어 없어지고 수련이 자취를 감추는 계절이 온 것이다.

잔잔한 연못의 수면 위에 차가운 바람이 일고 또다시 얼음이 얼어 거기에 수련의 한과 고독이 남아 꿈꾸고 있으리라.

그리고 나는 그 속에 내 아름다운 꿈을 묻어 인고의 나날을 함께 보내고, 또다시 새봄이 찾아오면 거기에는 더욱더 커다란 감격의 꽃이 피고, 나는 더 큰 감동으로 눈물을 흘려야 할 것이다.

나는 또 하나의 감격을 위해 눈물을 위해 허무한 바람 소리 가득한 연못의 수면을 응시하며 기다려야 한다. 얼음 속에서 꿈꾸는 수련처럼 조용히 삶의 의미를 생각하며 살아가야 하리라.

필자 주

: 서울 시 서대문구 현저동 101번지 구 서울구치소 그 시절 이야기다. 지금은 독립기념관으로 남아 수많은 사람이 그곳을 찾고 있다. 일제강점기 수많은 독립투사가 사형 집행을 당했던 그곳 서대문형무소!
실제로 사형 집행장이 있다. 그 사형 집행장 아래에 수련꽃 피는 연못이 있다.
내가 근무하는 곳이기 때문에 수없이 그곳을 지나가고 지나오며 그곳을 지켜보며 살아야 했다.
수련 꽃은 청초한 꽃이다. 수면 위에 피어나는 수련 꽃! 그 꽃이 피어나고 또 시들고 하는 과정을 지켜보며 우리 인생의 의미를 느낄 수가 있어서 좋았다.
이제 퇴임 후 내가 산책하는 왕송호수에도 연꽃 단지가 조성되어 그때 그 시절 보았던 수련 꽃을 이곳에서 지켜보며 그 시절을 떠올리지 않을 수가 없다.
내 인생도 그렇게 수련 꽃처럼 청초하게 피어나야 하리라 다짐을 해 본다.

임재문 작품론

돌아본 발자국에 아로새겨진 의미망
― 《서울구치소의 바람》 중심으로

김선화(金善化)
morakjung@hanmail.net

1999년 《월간문학》 수필 등단. 2006년 《월간문학》 청소년소설 등단. 2024년 《한국수필》 평론 등단. 수필집 《밤기차와 연꽃》 외 13권, 선우명수필선 《공진共振》. 시집 《빗장》 외 3권, 청소년 소설 및 동화 《솔수펑이 사람들》 외 2권. 한국문협작가상, 한국수필문학상 외 다수. 한국수필 편집장 역임.

돌아본 발자국에 아로새겨진 의미망

어떠한 현상에 대해 천착해 들어가는 수필은, 돌아보며 생각하며 의미를 새겨 공감대를 형성해 내는 문학이라고 정의할 수 있다. 소소한 소재일지라도 그 대상에 심정이 머물러 생각의 지평을 넓히거나 새로운 의미를 구축해 낼 때 우리는 공감하게 된다. 즉 문학적 가치에 눈길을 얹게 되는 것이다. 심혈을 기울여 끌어올린 사유의 그물망에는 글쓴이의 내면이 반영되어 있어, 독자를 울리기도 하고 미소 짓게도 한다. 이런 관점에서 임재문의 심성이 머문 생의 자국은, 따라 읽는 이를 주춤주춤 서성이게 한다.

전체 67편이 수록된 이번 수필집《서울구치소의 바람》에는 총 8부로 나누어져 있다. 이 가닥을 크게 다시 잡아보면 다음과 같은 큰 그림이 펼쳐진다.

1. 유년기 뿌리에 대한 서사
   • 모정(母情)에 대한 뼈저린 그리움
   • 독립 유공자 할아버지 임영식

2. 사춘기 소년의 고독과 아름다운 서정

3. 청운의 뜻을 세우고

4. 교도관이란 한 우물에서 정년 퇴임까지

- 문학의 추를 이루는 애틋한 서정

- 구치소의 변천사 속에 꽃으로 피운 인간애

1. 유년기 뿌리에 대한 서사

- 모정(母情)에 대한 뼈저린 그리움

첫 번째로 토해지듯 내놓은 작품이 어머니에 대한 사모곡이다. 칠십 중반의 작가가 선뜻 "엄마! 엄마!"라고 읊조리는 제목에서부터 어떤 이야기가 전개될지 궁금증을 자아낸다. 문장을 따라가다 보면 그래, 그렇지 하며 고개가 끄덕여진다.

> 어머니가 그립다. 엄마라고 불러보고 싶어서이다. 어릴 적 엄마라고 불러보지 못했기 때문이다. 나는 미녀이신 내 어머니와 미남이셨던 내 아버지의 장남으로 이 세상에 태어났다. 그랬으니 얼마나 기대를 하셨을까? 그런데 그것이 아니었다. 나는 내 어머니의 기대를 뒤엎고 몸도 비쩍 말라 흐물흐물하게 태어나 언제 죽을지도 모르는 아이가 또 못난 이 중에 못난이로 세상에 태어났다.
> - 〈엄마! 엄마! 그리운 내 어머니!〉 중에서

겸손을 넘어서서 어쩌면 이처럼 낮아질 수 있을까. 어른들이 아무리 그렇게 일컬어도 자존감으로 쑥쑥 자라야 할 어린이가 아닌가. 한데 워낙 약골로 태어나 시름시름 앓기만 했다니 얼마나 어머니의 애간장을 녹였을까 짐작이 간다. 결국은 할머니와 어머니 사이 갈등으로 작가는 할머니 손에 자라나게 된다.

그러다가 몸 튼실하고 용모 준수한 동생이 태어나자, 그 바람에 호적에 정식으로 이름을 올린 재문. 그런데 언제 생이 끝날지 비실비실하던 본인은 살아남아 장남의 자리를 지키고, 앞날이 촉망되던 두 살 난 동생은 갑자기 세상을 떠난다. 그리고 또다시 동생을 보았는데, 이번엔 출산 직후에 어머니가 돌아가시고 만다. "내 나이 아홉 살 때다. 나는 엄마라고 불러보지도 못했는데 어머니께서는 젖먹이 어린 내 동생을 남겨두고 세상을 떠나셨다."고 회상하는 대목에서 어쩌면 이러한 운수가 있을까 함께 울어주고 싶다. 정다운 그 이름 한 번 불러보지도 못했다는데, 너무도 일찍 엄마를 떠나보내야 했다.

이후 할머니 손에서 미음으로 명을 이은 동생과 일찍 철들어간 작가 임재문. 얼결에 어머니를 여의고 굳건히 자라나는 형제간의 사랑이 돋보이며, 두 손자를 거두시는 할머니 손길에 오랜 시선이 머문다.

> 할머니께서는 스무 살 꽃다운 나이에 내 아버지를 낳으시고, 홀로되셨다. 그래서 더욱더 내 어머니와 사이가 좋지 않

게 되어 고부갈등으로 이어져야 했으리라. 삯바느질을 하여 내 아버지 하나만 바라보고 살아가시던 내 할머니! 그런데 장남으로 내가 태어났으니 할머니는 오로지 나만을 사랑하시게 되었다. 〈중략〉 할머니는 내 어머니나 다름이 없다. 어머니의 자리를 할머니께서 대신해 주셨기 때문이다. 내가 초등학교 오학년 때 새어머니께서 오셨다. 새어머니는 아버지의 직장을 따라 아버지와 함께 사시고, 나는 내 동생과 여전히 할머니와 생활해야 했다. 〈중략〉 할머니께서는 붓글씨도 명필이셨다. 창호지로 만든 책에 붓글씨로 별주부전이라던가 춘향전 등 고대소설을 붓으로 쓰셔서 필사본으로 책을 엮어 만드신 내 할머니!
- 〈할머니의 쌍지팡이〉 중에서

그렇게 고생하던 할머니가 쌍지팡이에 의지해 노년을 보내다가 79세를 일기로 세상을 떠나시는데, 나이 든 손자는 삶의 애환이 깃든 쌍지팡이에 그리움을 담아낸다. 작가 가슴속에 쌍지팡이는 곧 할머니의 분신으로 오래 살아 있다.

• 독립 유공자 할아버지 임영식

작가가 뿌리에 대한 자긍심을 안고 살아가는 데에는 그의 조부님 영향이 크다. 임영식 씨는 1919년 16세의 나이로 해남 공립보통학교 재학 중, 3·1 독립운동할 것을 결심하고 선배들과 뜻을 맞춘다.

4월 6일 장꾼들이 모여 성황을 이루기를 기다려 오후 1시 경에 생도들이 다 모여서, 일동은 모두 태극기를 높이 들며 "대한독립 만세!"를 소리 높이 외치고, 또 외쳤다. 뜻밖에 일어난 이 감격적인 장면에 모인 장꾼들도 모두 손을 들어, 대한독립 만세를 목청껏 외쳤다. 넓은 해남 시장, 해남 읍내는 대한독립 만세의 환호성으로 진동하였다. 장터에 모였던 많은 사람들도 따라나섰다. 길가 여기저기서 어른도 어린이도 만세를 부르며 뛰어나왔다. 〈중략〉 보통학교 재학 중인 소년들이 중심이 된 이 해남에서의 제1차 만세 시위는 성인층에게 큰 자극을 주고 분발을 촉구한 바 크기도 하였던 것이다.
– 〈독립 유공자 돌아가신 임영식 내 할아버지〉 중에서

그날 해남 땅에 울려 퍼진 아직 어린 학생들의 함성 속에 작가의 조부가 자리했단다. 어른들보다 먼저 태극기를 들고 부르짖은 만세 합창 소리는 얼마나 값진 기록인가. 결국 일을 주동했던 소년 생도 16명은 일제에게 검속 당해 모진 고문을 겪는다. 그러면서도 굴하지 않아 장흥형무소에 이감하여 수감생활을 하게 된다.

드디어 2019년 제74주년 8·15 광복절 기념식 때에야 할아버지 독립 유공자 표창을 이룰 수가 있었다. 아들과 며느리, 그리고 손자 손녀 아내와 내가 기념식에 함께 했다. 나는 고

임영식 독립 유공자 할아버지 손자 중 장남으로 할아버지를 대신해서 표창장과 부상을 받았다. 이 얼마나 감격스러운 일인가? 이제 나는 독립 유공자 유족이 되었다. 독립 유공자 후손이 되었다. 앞으로도 이 영광을 길이길이 빛내며 살아야 하겠다.
- 〈독립 유공자 돌아가신 임영식 내 할아버지〉 중에서

어느 가문에나 뿌리를 이루는 선조들이 존재하기 마련이다. 임재문 작가에게 조부님의 업적은 커다란 자긍심으로 평생의 자양분이 된 것으로 보인다. 왜 아니랴. 그때 그분들의 꼿꼿한 정신이 있어 지금의 우리가 살아가고 있는 것을.

그리고 작가의 성장기에서 고독에 대한 서사가 자주 눈에 띈다. 이는 어머니에 대한 사랑의 결핍이 불러온 감성이지 싶다.

보름달은 어머니 얼굴로 다가왔다. 그래서 보름달이 뜨면 나는 좋다. 어머니 얼굴을 보는 것 같아서이다. 보름달 뜨는 날 들판을 거닐며 어머니를 만난다. 잠들 때 창문으로 스며드는 달빛을 보며 어머니를 그린다. 동산에 달이 떠오르면 어머니를 만난다. 서편에 달이 지면 나는 어머니와 이별하던 그날을 떠올린다. 결혼하고 손녀와 손자가 있고, 세월이 흘러도 어머니 얼굴은 지워지지 않는다. 보름달은 영원한 어머니 얼굴이다. 내 고독의 몸부림이 다하는 그날까지 보름달은 어머니 얼굴이다. 오늘도 보름달을 바라보며 어머니

를 그린다. 천상재회하는 그날을 손꼽아 기다리며 어머니를 그린다.
- 〈고독의 몸부림〉 중에서

2. 사춘기 소년의 고독과 아름다운 서정

대나무 울타리에 연하여 피어나던 동백꽃은 그 얼마나 아름답게 피어나던가? 어릴 적에는 시누대로 빨대를 만들어 동백나무 위에 올라가 꽃꿀을 빨아먹던 추억은 잊을 수가 없다. 〈중략〉 어릴 적에는 장난감도 대나무로 만들었다. 대나무로 만든 딱총, 물총, 도롱태라 불리던 대나무 굴렁대를 굴리며 놀던 내 어린 시절! 죽마고우라는 말처럼 대나무로 연결되어 말처럼 그렇게 함께하며 다니던 그 시절이 한없이 그립다. 댓바람 소리가 다시 그립다. 서창에 달그림자 되어 나타나던 대나무 그림자는 사군자 한 폭을 연출하지 않았던가?
- 〈대나무와 동백꽃 내 고향〉 중에서

너무도 가난해서 관(棺)을 구할 수조차 없었던 시절에 대나무 발을 관 삼아 둘러싸서 장례를 지내기도 했단다. '대발쌈'이라니 놀라운 용어이다. 이를 두고 "대나무 고향에 태어나 대나무를 바라보며 살아가다가 대나무에 둘러싸여 저세상으로 가야 했던 내 고향 사람들"이라고 작가는 되뇐다. 세월의 뒤안길에서 너무도 담백한 문장으로 그려내는 듯하나, 오히려 문맥 속에 꿈틀거리는 응축된 서사가 크다.

육군 중위로 전역하신 아버지는 이후 교회를 개척하여 항상 가난했다고 술회한다. 어쩌면 임재문은 출생에서부터 이미 작가적 소양이 싹텄다고 보인다. 평범하지 않아 너무도 남다른 삶의 질곡 속에서 스스로 고독을 불러들여 외로움과 벗이 되어버린 작가다. 어린 가슴에 숨죽이며 혼자 삭여야 할 이야깃거리가 풍부한 만큼 사유의 폭은 넓어졌으리라.

> *교회를 개척하신 아버지 때문에 가난에 시달려야 했다. 교회를 개척하시면서도 면장 일을 겸해서 하셨다. 면장 아들이 되었다. 그런데 학교에 무자산 미과세증명서를 제출하고 학비를 감면받으면서 공부했다. 십 리 길을 걸어서 등교하는데 봄이면 종달새 지저귀는 들판을 건너서 재앙고개라고 불리던 고개를 넘어 학교에 다니는데 더러 지각을 하기도 했다. 〈중략〉 집이 가난하니 비 올 때 우산도 챙기지 못할 때가 많았다. 그래서 비 오면 그 비를 맞으면서 학교에 다녔다. 그래도 학창 시절이 그립다. 학창 시절이 좋았다.*
> *— 〈중학교 시절〉 중에서*

때로 도시락도 준비 못 해 샘물로 배를 채우면서도 사계절을 몸으로 느끼며 살아가는 것이 좋았다는데, 중학교를 졸업하고 더 이상 타지의 고등학교에 진학을 못 해 안타까운 시간을 보낸다. 집안일을 도우며 틈틈이 한문 공부를 하여 천오백 자를 독파해 한자로 된 《명심보감》 등을 읽어 내는 소년의 의지가

실로 대견하다.

그런데 2년간 배움에 목말라하는 소년 재문에게 꿈을 이룰 기회가 찾아왔다. 인근에 고등학교를 신설한다고 입학 통지가 온 것이다. 실로 다행스러운 일이며 감격할 운수이다. 실업고등학교 농업과이나 인문학에 관심이 많았던 재문은 이후 공무원 시험을 합격하기에 이른다. 그리고 그가 문학가로서 자리를 굳혀가는 대목이 이때 어필된다.

> 고등학교 3학년 때 글짓기 대회에서 일등상을 수상하는 영광을 안았다. 초등학교 3학년 때 글짓기 1등 상을 수상하고 고등학교 때 수상했으니 학창 시절에 두 번 글짓기 대회에서 수상을 하게 된 것이다.
> – 〈고등학교 시절〉 말미

3. 청운의 뜻을 세우고

어디에 예속되는 것을 싫어하던 작가는 군대를 다녀와 서른다 될 때까지 특별한 직업이 없었다. 그러다가 공무원이 되기로 마음먹고 교도관 시험에 합격한다. 첫 발령지 홍성교도소를 시작으로 그의 천직에 발을 들여놓으며, 곳곳을 돌며 교화에 힘쓰는 삶이 펼쳐진다.

> 공무원이 되려면 교도관을 해서 외길을 가기로 굳은 결심을

했다. 열심히 공부해서 9급 교도관 시험에 합격을 했다. 연수원 교육도 받지 않고, 충남 홍성교도소에 발령을 받았다. 홍성교도소 외정문 앞에 식당이 있었다. 발령을 받은 그날 외정문 앞에 식당에서 아침을 먹는데, 나와 같이 식사를 하는 분도 홍성교도소에 배명을 받았다고 하는 것이 아닌가? 나보다 연상이요! 형님뻘이 되는 그분과 식사를 했다. 그런데 함께 근무하게 되었다. 문제는 나는 최말단인데 그분은 나보다도 2계급이 높은 간부급 공무원이 아닌가? 아! 나도 더 공부해서 교정간부가 되어야 하겠구나 결심하게 되었다. 내가 처음 배명 받아 감시대 근무를 하게 되었다. 감시대 근무는 십오 척 주벽보다 높은 곳에 1감시대 2감시대 3감시대 4감시대가 있다.
- 〈방황의 계절〉 중에서

중학교를 졸업하고 상급학교 진학이 어려웠을 때 그 막막함이야 말해 무엇하리. 그 시대를 살아본 사람들이라면 충분히 수긍하고도 남을 일이다. 부모 자식 간에도 형제간에도 서로 언덕이 되어줘야만 기를 펴고 성장할 수 있었던 시대. 뜻을 둔 곳에 대한 믿음과 의지 한 가닥으로 허리띠를 졸라매던 과도기가 분명 우리나라엔 있었다. 그 시기를 잘 건너서서 교도관으로서 소신껏 생활해 온 작가의 모습에 아낌없는 박수를 보낸다. 본인이 가녀리게 생겼다고 말을 하지만, 이면의 근기를 알아차리게 하는 삶이다.

> 첫 배명을 받은 홍성교도소는 축복의 땅이다. 그곳에서 첫 직장 생활을 시작했고, 또 그곳에서 결혼도 하고, 또 그곳에서 첫아들을 낳고, 또 그곳에서 7급 공개 채용 시험 합격의 영광을 안았기 때문이다. 아들을 낳고 보니 그 여세를 몰아서 그동안 준비해 온 7급 공개 채용 시험에 합격을 해야 하겠다는 결심을 하게 되었다. 홍성도서관을 공부방으로 하고 열심히 했다. 드디어 교정직 7급 공개 채용 시험에 합격을 했다. 〈중략〉 2계급 승진을 한꺼번에 한 셈이기 때문이다. 홍성교도소에 사직서를 제출하고, 수원시 우만동에 위치한 법무부 연수원에서 연수 교육을 받게 되었다. 교정 간부로서 감독자의 자질을 연수받은 것이다.
> - 〈충남 홍성! 그곳은 축복의 땅!〉

교정직 간부로서 감독자의 길을 가게 되었다니 얼마나 기뻤을까. 결혼과 출산, 그리고 승진이 불러온 행복이 넘쳐나던 시절이었지 싶다. 본인도 그 시절을 잊을 수 없다고 회고한다. 그리고 그는 수인들을 지켜보며 다음과 같이 해석한다.

> 꽃을 바라보며 즐겁게 살아가는 재소자들 중에는 악한 사람이 한 사람도 없는 것 같다. 나와서 일정한 시각에 운동을 하고 규칙적으로 움직이는 재소자들의 눈동자에서 나는 악의를 전혀 느낄 수가 없다. 왜 저런 사람들이 여기 와서 이러한 생활을 해야 하는가? 저렇듯 양같이 순한 사람들

이…….
- 〈기독교적 감화〉 중에서

재소자들을 향한 눈길이 따뜻한가 하면 본인 인생의 포부에 대한 갈망도 떼어놓을 수 없는 작품이 시선을 끈다. 누구나 젊은 날 고뇌에 차서 자문해 보았음직한 심중에 크게 공감이 되는 부분이다. 그래. 그렇지. 이제 조금 알 것 같은데…. 우리는 수필을 쓰며 인용을 남발하는 것을 경계한다. 되도록이면 자기 목소리로 승화시키는 쪽을 권한다. 하지만 이번 아래 작품에서 허백련 선생의 명구를 차용한 것은 백미라 할 수 있다. 몇 번이고 곱씹어 생각해 보게 하는 훌륭한 장치이다.

고희를 넘기고 인생을 오래 산 사람이라고 해도 결코 인생의 승부를 가릴 수는 없는가 보다. 왜냐하면 인생의 포부와 욕망은 끝이 없기 때문이다. 〈중략〉 우리나라 남종화의 대가이셨던 고 의제 허백련 선생님은 고희를 넘기시고 80여 세를 사신 분이시다. 남종화의 제 일인자이셨지만 타계하실 때 마지막으로 남기신 말씀이 "이제 그림을 조금은 알 수 있을 것 같은데 죽는 것이 아쉽다."라고 하셨다. 역시 승부가 없는 게임이었다고 설파하신 것 같다.
-〈승부가 없는 게임〉 말미

4. 교도관이란 한 우물에서 정년 퇴임까지

• 문학의 추를 이루는 애틋한 서정

나는 교도관이다. 나는 날마다 15척 담 안의 재소자들을 바라보며 그들에게 고향을 물어본다. 그들은 더듬거리며 고향을 이야기한다. 얼굴빛이 슬퍼 보이는 그들은 불행한 사람들이다. 고향이 그리워도 갈 수가 없기 때문이다. 어쩌면 마음의 고향마저 떠나 버린 그들인지 모른다.
- 〈고향 그림〉 중에서

이 글은 오래 전 《한국수필》 초회 추천작으로, 작가는 재소자들을 관리하며 "이제 내가 할 일은 그들에게 마음의 고향을 찾아 주는 일이다. 보름달처럼 정다움으로 그들을 대해주어야 할 것 같다."고 풀어놓는다. 이 얼마나 깊은 가슴인가. 그들의 마음속에 훈훈한 고향의 정을 심어주고 싶다는 젊은 날 한 교도관의 마음자리가 퍽 듬직하지 않은가. 한 작가의 인생관이 엿보이는 작품이다.

그리고 다음은 사춘기를 앓는 한 소년의 이야기가 전개되는데 꾸밈도 없이 애틋하다. 그러다 아예 가슴을 도려내는 듯 아리기도 하다. 성장기에서 빼놓을 수 없는 그 시절에 소년 임재문도 열병을 앓았고 열꽃이 함빡 피었더랬다.

내 고향 해남에는 동백꽃이 많다. 대밭에도 울타리에 연하여 동백꽃이 피어나고, 소나무가 많은 "꿩베미산"에도 동백꽃은 있다. 고향의 어디를 가도 동백꽃은 흔하게 볼 수가 있다. 사시사철 푸르던 동백잎이 온통 빨갛게 보이도록 동백꽃이 피어나고, 불어오는 봄바람에 꽃송이들이 한 송이 두 송이 떨어져 내리는 날이면 나는 불현듯 내가 어릴 때 좋아하던 한 소녀의 죽음을 생각하게 된다.
- 〈동백꽃 피는 고향〉 중에서

한마을 단짝 친구였단다. 시오리가 족히 되는 중학교에 걸어서 다닐 때도 그녀는 동백꽃처럼 빨간 가방을 들고 다녔고, 재문은 그 빨간 빛깔이 좋아 먼발치로 그녀의 뒤를 쫓기도 했단다. 사춘기에 살포시 피어오르는 연정이 문학적 소양을 갖추고 표현된다.

그러던 어느 날, 나는 마음을 크게 먹고 그녀와 만나기를 결심했다. 두근거리는 가슴을 억누르며 용기를 내어 우물가를 지나던 그녀를 불렀다.
"오늘 저녁, 마을 앞 동백나무 밑으로 나와!"
무뚝뚝하게 내뱉듯 하는 내 말에 그녀는 예상외로 그러나 수줍음을 감추지 못하고 고개를 끄덕이며 쾌히 승낙을 해 주었다. 그날 밤, 나는 저녁을 먹는 둥 마는 둥 급히 마을 앞에 있는 동백나무 밑에 가서 그녀가 오기를 기다리고 있었다.
- 〈동백꽃 피는 고향〉 중에서

그러나 그들은 끝내 만나지를 못했다. 기다리는 그녀는 오지를 않고, 장대 같은 빗줄기가 천둥번개와 함께 퍼부었단다. 빗속에서도 한 가닥 희망으로 기다리는 소년 재문! 퍼붓는 빗줄기에 머리 위로 떨어져 내리던 동백꽃 송이만이 얼마나 야속했을까. 그런데 그것이 그녀와의 영원한 이별이었다는 데에야. 그녀가 약속을 못 지킨 것은 갑자기 세상을 떠났기 때문이었다니, 열꽃 가득 핀 소년에게 무슨 위로가 필요했으랴. 한창 설렘으로 떨리던 재문에게 그해 고향의 동백꽃은 그렇게 슬프게 피고 졌다. 문학의 백미를 이루는 사춘기의 서정을 다룬 작품으로 평가할 만하다. 삶과 죽음의 경계로 사랑이 갈라지고 마는 서사가 문학작품에서 흔히 나타나는 너무 슬퍼 아름다운 장치로 읽힌다.

> 처세하는 데 있어서 아마도 나 같은 숙맥은 세상에 드물 것이라는 생각을 한다. 나를 아는 사람들은 내가 듣는 곳에서는 좋은 말로 "고지식한 사람"이라고 얼버무리겠지만 아마도 내가 없는 곳에서는 "그 자식 앞뒤가 꽉 막힌 놈"이라고 게거품을 뿜고 있을지도 모를 일이다. 〈중략〉 마당 가에 타오르는 모닥불과 함께 밤은 점점 깊어만 가는데, 다섯 동서들 중에 첫째를 잃은 우리들 네 사람은 그 밤을 하얗게 밝히고, 이윽고 아침이 되어 나는 또 하나의 삶을 위하여 출상도 지켜보지 못하고 돌아와야 했다.
> - 〈노잣돈〉 중에서

한국수필 완료 작으로 제법 무게감이 느껴지는 수필이다. 앞 글에 이어 죽음을 다루고 있는데, 망자의 마지막 길에 놓아주는 여비를 이르는 말로 많은 생각을 해보게 한다. 지인 간에 우연히 건넨 몇 푼의 금전도 그 길이 마지막이 되었을 때는 흔히들 노잣돈 주었다고 에두르는 예가 있다. 그나마라도 마음을 얹어 보내는 미풍양속이라고 볼 수 있다. 점차로 장례문화도 달라지고 있어 앞으로는 이러한 용어마저 잊힐 수도 있을 것이란 생각이 든다. 그러한 중에 작가는 모처럼 가슴 묵직해지는 글을 일찍이 등단작으로 남겼다는 점을 확인하게 된다.

> 나는 동양화를 좋아한다. 내 아버지께서 동양화를 하시기 때문에 더욱 그렇다. 동양화 중에서도 설경을 바라보고 있노라면 온갖 깊은 생각들이 떠올라서 좋다. 하지만 나는 설경을 그리는 것이 가장 어려운 일이라고 생각을 한다. 하얀 종이 위에 하얀 눈이 덮인 경치를 나타낸다고 하는 것은 그 얼마나 어려운 일이겠는가? 설경 산수화의 그림 속에는 눈 덮인 산이 있다. 산 아래로는 오솔길이 나 있고, 그 길을 따라서 다래나무로나 만들었음직한 기다란 지팡이를 든 노인이 걸어가고 있는 모습을 보게 된다.
> - 〈흰 눈을 맞으며〉 중에서

작가는 이 그림을 이야기하며 먼 훗날의 자신을 그려본다. 환상의 길을 따라 눈 덮인 산봉우리를 향하여 걸어가고 있는 모습을 미리 유추해 보는데, 노년기에 도달할 어느 기점으로 이해되어 다소 쓸쓸함이 묻어난다. 생로병사에 있어 지팡이에 의존해 유유히 눈 덮인 봉우리를 향해 걸어가는 누군가의 뒷모습이 마냥 유유자적으로 비치지만은 않는 까닭이다.

- **구치소의 변천사 속에 꽃으로 피운 인간애**

〈서울구치소의 새 모습〉, 〈서울구치소의 풍경〉, 〈서울구치소의 달빛〉, 〈서울구치소의 바람〉. 이상 연작에는 구치소에 머무는 사람들과 그들을 면회하러 오고 가는 가족들, 그리고 그들을 지켜보는 한 교도관의 시선이 잘 나타나 있다. 특히 서울과 가까운 의왕시에 자리 잡은 서울구치소의 이야기여서 딱딱한 분위기가 조성될 듯하나, 면회 오는 가족들이 재소자를 기다리며 쑥을 뜯는 장면이 온유함으로 다가온다. 더러는 억울하거나 답답하거나 서러울 수도 있는 면회 길이겠지만, 들판에 푸르게 돋아나는 쑥을 뜯는 묘사는 그래도 숨 고르며 살아보자는 위무의 말로 전달되어 따스하다.

> 제아무리 온 세상이 들썩거려도 서울구치소의 달빛 아래 조용히 역사의 한 페이지를 장식할 뿐이다. 나는 또 비쩍 마른 내 몸뚱이가 생을 마감할 때까지 숨죽이며 지켜보고 있으리라. 역사의 현장인 서울구치소를.
> - 〈서울구치소의 달빛〉 중에서

지금의 독립기념관이 된 현저동 101번지에 있던 서울구치소는 1908년 10월 21일 경성감옥으로 문을 열었다. 앞에는 인왕산, 뒤에는 금화산을 등지고 무악재 너머 부는 바람과 더불어 80여 년 동안 서대문감옥, 서대문형무소, 서울형무소, 서울교도소 등의 이름을 거치며 오늘의 서울구치소가 되었다.
　　- 〈서울구치소의 바람〉 중에서

　우리는 서대문형무소란 이름을 떠올리거나 그 옛터를 돌아볼 때 미리부터 가슴 저릿함을 체험했을 것이다. 무수한 아픔이 어린 곳이기에 그 흔적을 떠올리는 것조차 예삿일은 아니다. 하지만 누구보다도 평생을 교도관으로 살아온 임재문 작가에게 구치소에 대한 변천사는 어쩌면 당연한 기록이라고 본다. 그리고 거기서 맛보는 인간적인 면에 절로 숙연해지기도 한다. 특히 옥고를 치르면서도 승복하지 않고 항거해 온 독립운동가들의 정신을 바람으로 형상화한 점이 돋보인다.

　　개청 후 불어닥친 일본 바람은 수많은 애국지사들을 형장의 이슬로 사라지게 했을 뿐만 아니라 옥고를 치르며 항일운동을 하게 했다. 광복 50주년을 보내는 우리들의 마음은 그래서 더욱더 감회가 깊다. 해방의 감격도 잠깐, 또다시 6·25의 돌풍은 독립공원이 된 서울구치소의 구건물에 총탄의 흔적을 고스란히 남겨두고 갔다.
　　- 〈서울구치소의 바람〉 중에서

다음 작품은 이번 책에서 문학의 꽃으로 승화된 수필이다. 거론하기도 버거운 사형수의 발을 씻기며 그와 눈을 맞추고 함께 눈물의 기도를 하는 문장을 누가 낳을 것인가. 이 대목에서는 평자를 떠나 독자로서 경외감을 감출 수 없다.

> 우리 서울구치소 기독선교회가 해마다 부활절과 창립기념일에 연례행사로 하는 일 중의 하나가 사형수의 발을 씻기는 일이다. 예수님께서 제자들의 발을 씻기며 겸손과 봉사하는 마음을 몸소 행동으로 보여주신 것을 기념하기 위함이다. 또 아침 7시에 출근하여 정신질환자인 재소자들과 함께 목욕하며, 그들의 등을 밀어주고 호흡을 같이하는 일은 참으로 뜻깊은 일이다. 금년 9주년 창립기념일 아침에도 정신질환 재소자 34명을 목욕시켜 그들의 마음까지 상쾌하게 했다.
> – 〈사형수의 발을 씻기며〉 중에서

사형수의 발을 씻기는 의식이 있었다는 사실을 그 임재문의 수필이 아니면 어디서 접할까. 신앙에서 싹튼 아가페적 사랑이 한 교도관으로 하여금 베푸는 마음을 내게 한다.

> 사형수의 발을 씻긴다는 것은 사실상 자신의 모든 자존심과 경계심과 무장을 해제하고 순수한 그리스도의 사랑으로 하지 않으면 안 된다. 〈중략〉 나는 날마다 그들과 함께 생활을 같이하는 교도관이다. 예수님 안에서는 우리 모두가 사형수

와 같은 죄인이라는 사실을 고백하지 않을 수 없다. 제아무리 극악무도했던 지존파와 같은 사형수들도 참회의 눈물겨운 삶을 살아가고 있다. 〈중략〉 그런데 그 사형수의 발을 씻기고 있는데 내 등줄기에 뜨거운 액체가 뜨거운 액체가 뚝뚝 떨어져 흘러내리는 것이 아닌가! 그 우락부락하고 바윗돌보다도 차갑게 느껴졌던 그 사람이 어깨를 들썩이며 흐느껴 우는 것이었다.
- 〈사형수의 발을 씻기며〉 중에서

애처로운 감정을 넘어 감동의 물결이 인다. 발을 맡기고 내려다보는 죄수의 마음은 어떠했을까.

어디서 그렇게 뜨거운 눈물이 흘러내리는 것일까? 왜 저토록 순진한 사람이 사람을 죽여야 했을까? 무섭다는 생각은 봄눈 녹듯 사라지고 함께 눈물을 흘리지 않을 수 없었다. 발을 다 씻기고 나서 또다시 그의 두 손을 맞잡고 눈물의 기도를 했다. 그의 모든 죄를 용서하여 주시고 새 삶을 살 수 있도록 해달라고 말이다.
- 〈사형수의 발을 씻기며〉 중에서

연중 의식인데 이듬해에도 우연히 그와 만나 발을 씻어준다. 첫 번째 때보다 더 간절한 마음으로 눈물의 기도를 했단다. 그런데 다음 해에는 일부러 그를 찾아 자청해 족욕을 해 주고 무사한 점에 안도한다. 세 번째 만난 그의 손은 더욱 뜨거웠다고 술회하는 작가의 뜨끈한 심중이 읽힌다. 사형수와 교도관과의 인간적 교감. 그것이 어느 날 갑자기 뚝 멈출 일일 수도 있는데, 적어도 이 순간만은 마음속으로 그를 붙들어 두고 싶은 작가의 심리가 표출된다.

  그의 말대로 이제 그는 교정 현장을 떠나와 지켜보는 사람이 되었다. 칠십 중반에 돌아다본 세월이니만큼 이 밖에도 고향 이야기나 가족 이야기 등 거론할 작품이 있으나, 지면 관계상 이쯤으로 마무리를 짓는다.

  수필가 임재문은 태생부터가 애달픈 서사를 안고 있어 자연적 사유의 세계에서 노닐기를 즐겼고, 그러다 보니 주변을 살피는 눈이 밝게 뜨였으며, 그 의미망에는 삶의 편린들이 주렁주렁 걸려 나온다. 문장에 분식이 없고 진솔하여 사람과 사람 사이 경계를 허문다.

  그의 문학을 몇 가닥으로 크게 잡아 살펴보았듯이 남다른 출생과 성장, 뿌리에 대한 자긍심, 그리고 값지게 형성된 아름다운 서정 등이 그를 떠받치는 힘으로 작용한다. 인생 전체를 회고하며 정리하는 이번 수필집 상재에 축하의 마음을 얹는다. 이후로도 건재하여, 그만의 인상 짙은 글 밭이 꽃으로 소담스럽길 기대한다.